投資でお金を増やす人、減らす人

知識・資金ゼロからの投資超入門

ファイナンシャルアドバイザー
長谷川伸一

SOGO HOREI PUBLISHING CO., LTD

はじめに

あなたはお金の不安を抱えていませんか？

本書の執筆前に、知人の紹介で30代の会社員の男性から、お金に関する相談をしたいと声がかかりました。

朝早くから夜遅くまで一生懸命働いているけれど、会社の業績は悪く、給与はなかなか上がらない。日々生活をするだけで余裕はなく、ボーナスも上がらないどころか、減っている。結婚して、子どももできたけれど、夫婦のどちらかが病気になったり、職を失ったりすれば、共働きで成り立っている家計は破綻しかねない。

「子どもの学費は払えるのだろうか。年金はほとんどもらえないかもしれないし、老後はどうなるのだろう……」

そんな心配が、しばしば頭をかすめるといいます。

このような理由から、

「普通に貯金するだけではなかなか貯まらない。少ない元手を少しでも増やしたい」

そう考えて、投資を検討する人は多いのです。

でも、いざはじめるとなると、とてもハードルが高く、「自分で適切な投資対象を選び、増やしていけるとは思えない」というのが、その実感するところのようです。

多くの人は、「自分に投資はムリ」「投資はギャンブル」と考え、なかなか手を出しません。

でも、本当に今のままでいいのでしょうか？

「銀行に現金を預けておけば、ほとんど増えなくても減りはしない」と考えるかもしれません。たしかに額面上、お金は減りません。しかし、これからの日本でお金を少しても増やすためには、投資が特に重要になります。

なぜなら、日本の政策は「インフレ」に向かっているからです。物価が上がり、お金の価値は下がっていきます。銀行に預けておくだけでは、実際にお金を使うときに、現在の何分の一の価値に下がっているかもしれないのです。

超低金利でもある今、やみくもに「貯金だけ」しても明るい未来は描けません。

今、**本当に「できるだけローリスクで、少しでも着実にお金を増やす方法」を求めるのなら、「投資」しかありません。**

リスクが怖い人ほど、投資をはじめた方がいいのです。

投資でお金を増やしたいと考えた場合、最も重要なことは、ローリスクかつ、しっかりと伸びていく銘柄を探し、適切に投資できるかどうかです。

「それが難しいのですよ」という人は多いでしょう。

確かに、難しい。でも、そう感じるのは、目をつけるポイントがズレていること、お金を増やすための正しいルールを守れていないことが原因です。

投資でお金を減らしてしまう人の大半は、**信用してはいけないものを信じ、信用すべき情報に疑念を抱いています。**

でもそれは、その人たちの判断が劣っていたり、センスがなかったりするからではありません。それがあたり前の「人の心理」だからです。

その心理をわかった上で、**「信じるべきものを信じ、見るべきものを見る」**。この正しいルールに沿った行動によって、結果に雲泥の差がつきます。

正しいルールを実践すれば、お金を増やすことはそれほど難しいことではありません。「コツコツと貯金する」感覚の延長線上で、できることがたくさんあるのです。

私はファイナンシャルアドバイザーとしてさまざまな所得層の方のご相談を受け、私も顧客に勧める銘柄を自身で買い、株式投資を行っています。その経験からいっても、投資はごく一部の人だけができる、特別なものではありません。

本書で、投資のキホンから学び、お金を増やす人の正しいルールを知ってください。お金の不安から脱出するための知恵を身につけていただけたらと思います。

第1章 いますぐあなたが株式投資をすべき5つの理由

第2章 投資でお金を減らす人、増やす人の銘柄選択法

第3章

投資でお金を減らす人、増やす人の売り方・買い方

第4章 投資でお金を減らす人、増やす人の情報収集術

第5章 投資でお金を減らす人、増やす人の投資心理

目次

いまさら聞けない株のこと！ Q&A

目次

装丁　河南祐介（FANTAGRAPH）
本文デザイン　飯富杏奈（Dogs Inc.）
本文DTP&図表制作　横内俊彦
図表制作　土屋和泉
イラスト　高田真弓
編集協力　高橋フミアキ
企画協力　ランカクリエイティブパートナーズ株式会社

第1章

いますぐあなたが株式投資をすべき5つの理由

お金を減らす人はいたずらに投資を怖がる

お金を増やす人は「正しいルール」を知れば安全だと理解している

理由1 意外と怖くない株式投資

「やっぱり、株は怖い」

「投資はギャンブルだ」

という人の気持ちは、私にも理解できます。

昔から「貯金」こそ、最も安全な資産形成方法だと教えられてきた人がほとんどです。


素直な人は、教えられたことを素直に信じますし、子どもの頃からつくられてきた価値観は、そんなに簡単に変えられるものではありません。

そして、投資で大きな損失を出している人も大勢見かけます。


購入した株が急に下がってしまった場合、大きな損失をこうむってしまいます。

多くの人は、ここで底なしの泥沼に引きずり込まれるような恐怖と不安にかりたてられ、株が暴落した時期にあわてて換金し損失確定してしまうのです。

つまり、高値で買った株を捨て値で処分します。これを繰り返しているとあなたの資金は底をついてしまうでしょう。


ただ、**投資には「正しいルール」が存在します。**

「これを守ってさえいれば、大きな損失を出すことはめったにないし、着実にお金を増やしていける」ものです。

大きな損失を出してしまう人は、ほとんどの場合、「魔が差した」「強気になってしまった」といった、ルールを無視した行動をとった場合がほとんどです。

冷静になり、急騰した銘柄に飛びつくことはやめましょう。

ここ数年は、数回急落することがありました。そういうときは、怖がらずに「買い」のタイミングを待ちましょう。

一流のお金を増やす投資家は、急落を安く買えるチャンスと見て、よろこんで買う人もいるくらいです。

数年待てば結果的に大きく上昇していることを確信しているからです。

株の世界の格言にこんなのがあります。

「天井3日、底100日」

高値の天井は3日しか続かず、底は100日も続くという意味です。

株式相場は、長い期間をかけて少しずつ上昇していきますが、下げるときは暴落を何度か繰り返して、まるで坂道を転がり落ちるように一気に下げることもあります。

こうした相場の法則を知っていれば怖いことはありません。

だからこそ、学びが必要なのです。

学びもせずに「株は怖い」というのは、相手のことを知りもせずに、「あの人は悪者だ」と批判しているようなものです。

きちんと知って、きちんと付き合えば「いい人だった」ということがあると思います。

株は、正しく学べばあなたの人生を豊かなものにしてくれるのです。

質問
Q

株式投資は何から始めたらいいですか？

答え
A

まずは、証券会社の口座を開設しましょう。

インターネットを検索すれば、証券会社の比較サイトがありますので、そこで自分に合った証券会社を探してみてください。

口座開設の申し込みもインターネットでできます。免許証やマイナンバーなどの提出書類や、必要書類があなたの自宅へ送られてくる期間など、証券会社によって口座開設までの流れが異なりますので気をつけてください。

2

お金を減らす人は給料を丸々生活費に回してしまう
お金を増やす人は給料の一部を投資に回すことができる

理由2　会社員の賃金はなかなか上がらない

現在の日本は、貯金の利子がゼロに等しい状況下です。いわゆる、**「マイナス金利」**です。

マイナス金利は、日本経済を活性化するために適用されたもので、日本銀行と各金融機関との間での金利がマイナスになってしまうという話です。私たちが利用する銀行での金利が、すぐにマイナスになることではありません。

ただ、実際に私たちが預けている銀行の金利が極めて低いことは事実で、現在年利

0・01〜0・05%くらい（2017年2月現在）の数字になっています。
そうなると、貯金の魅力はより一層なくなってしまいます。

現在は年収300万円時代といわれており、1990年代後半から日本人の平均年収は、年々下がり続けています。2014年以降は年収200万円以下の人も、ますます増えているようです。

これでは、普通に生活していても、月々の給与が丸々生活費に消えてしまうことは、めずらしくないでしょう。

急なアクシデントなどでお金が必要になり、借金をしている人もいるかもしれません。

このような生活を続けていれば、余裕のなさから、日々の漠然とした不安を覚える人も多いはずです。今の状況をどうにか脱出するために、**数千円のごく少額からでもいいので、投資をはじめてみてください。**

まずは、そのお金を証券会社の口座に入れておくだけでもかまいません。株式投資に利用できる資金を毎月積み立てていくことをオススメします。

給与所得以外でも、収入を得る方法はいっぱいあります。マンションを購入してその家賃収入を得ることもできますし、本を出版して印税収入を得る方法もあります。不動産を売買して収入を得る方法もあります。

優秀なチームを作って、その人たちに稼いでもらうということもできます。いわゆる会社のオーナーになるという方法です。

しかし、どれも大変そうです。

会社員を続けながらできるようなものではありません。

一方、株式投資はどうでしょうか?

スマートフォンを操作するだけで、株を売ることも買うこともできます。毎日、何時間もスマートフォンの画面にしがみついている必要はありません。

もちろん、しがみついていただいてもいいですが、デイトレーダーでないかぎり、そんな必要はありません。

デイトレーダーとは、1日のうちに株を何度も売り買いする人たちのことです。一瞬、一瞬の小さな動きをとらえて売買します。神経をすり減らしますし、上級者でなければできないことです。株の取り引きを仕事にしているような人たちです。

私は、**デイトレードになることをオススメしません。**フルタイムで会社勤務している人にできることではありませんし、リスクが高すぎます。

私がオススメしているのは、もっと**リスクが少なく安定した株式投資**です。

デイトレードでなくても、月に10~20万円の収入を得ることは、難しくありません。会社員の賃金がなかなか上がらない時代です。時代を嘆いたり、会社を怨んだりする前に、給料以外の収入を得る方法を学びましょう。

質問 Q

証券会社の口座を開設したら、どんな株を買えばいいですか?

答え A

資金のない人は1万円でもいいので、まずは投資してみましょう。少額投資で勉強してみることです。

「最悪、損してしまっても勉強代だと思えばいいや」というくらいの感覚ではじめるといいでしょう。

口座を開設した証券会社のホームページで会員ページにログインし、国内株式のページを開いてみてください。そこに「スクリーナーで選ぶ」という項目があるはずです。そこに投資金額3万円以内という条件を打ち込めば、3万円以内で購入できる株の一覧が出てきます。

さらに、給料のなかから毎月1万円を証券会社の口座に入金して、少しずつ取引の規模を広げていくという方法もあります。

月々1万円を証券会社に預けるのであれば、自動積立型の投資信託もあります。目標金額を決めて長期間投資するには便利な仕組みです。

ETF（Exchange Traded Funds／上場投資信託）といって投信なのに株と同じようにリアルタイムで売買できるものもあります。

お金を減らす人は金融ビッグバンを軽視している

お金を増やす人はパラダイムシフトを実感している

理由3　時代は貯蓄から投資にシフトしている

１９９６年に橋本内閣が「日本版金融ビッグバン」をはじめて提唱しました。その後、金融庁が内閣府の外局として設置され、金融審議会が発足したのです。この金融審議会は金融分野の消費者教育の重要性を指摘しています。

２００１年には、小泉内閣が「骨太の方針」を打ち出しました。そのなかに証券市場の構造改革プログラムも組み込まれていました。このとき、**政府は明確に「貯蓄から投資へ」との転換期であることを内外に示した**のです。

戦後間もない頃は、国策として貯蓄の増強が金融教育の最大のテーマでした。

もともと日本には倹約の精神があり「貯蓄は美徳」という社会的風土がありました。経済成長率が高い時代は金利も高かったので貯金は国民も受け入れやすかったといえます。

ところが、80年代に欧米との間で貿易摩擦が起こりました。「過剰な貯蓄が貿易黒字の根源である」という日本に対する批判が集中したのです。こうした批判をかわすためにも政府は「貯蓄増強」という看板を下ろさざるを得ませんでした。

さらに、グローバル化の波は金融分野にも押し寄せてきます。日本政府も外圧に押される形で金融分野の規制緩和、国際化、自由化が進みました。世界中を投資マネーが動く時代が到来したのです。

個人においては、貯金しても利子がほとんどつかないという時代になりました。

特に直近の金利状況はマイナス金利導入もあって、1年間定期預金したとして、それにつく金利は0・01〜0・2％程度です。100万円を預けたとすると100〜2000円の金利しかつきません。これでは、老後に貯金を切り崩して生活しなければなりません。

株式の場合は、1年間のトータルで、5%程度の利益を生むことはざらにあります。

100万円を株式投資に投入すれば、5万円の利益が出る計算になります。

他にも、配当をもらうという方法があります。

たとえば、一株当たりの配当が50円だとして、1000株買っておけば5万円の利益が出るのです。株価1000円の株を1000株買って100万円です。わずか100万円の投資で5万円の利益が出るという計算になります。

配当金をもらえるかどうかは企業によって異なります。**配当金は「権利付き最終日」に株を保有していればもらえます。**

「権利付き最終日」とは「配当権利確定日」から計算します。「配当権利確定日」は、基本的には決算月の月末になります。月末が土日、祝日の場合は、その前の営業日が権利確定日になります。

ただ、これはあくまでも配当がもらえる権利が確定する日です。ですから、この日に株を買ったのでは手遅れです。

「この日に確定しますので、少なくともその前には株を買っておいてね」という日があります。それを「権利付き最終日」といいます。これが「配当権利確定日」の3営業日前です。

ですから、**配当をもらうには「権利付き最終日」までにその企業の株を購入しなければいけません。**この「権利付き最終日」が重要です。とにかく、この「権利付き最終日」に株を持っていれば「配当権利確定日」を待たずに株を売ったとしても配当金をもらうことができます。

つまり、数日、株を持っているだけで配当金がもらえるのです。

ただし、「権利付き最終日」の翌日には株価が急落することもありますので、気をつける必要があります。

時代は「貯蓄から投資へ」と転換しています。

すでに大きなパラダイムシフトは起きているのです。政府も「貯蓄から投資へ」と呼びかけています。その時代の変化に気づかず、いまだに「貯蓄が大事」といっているようでは、老後破たんしたとしても、自己責任といわざるを得ません。

権利確定日までの日程

この日以降に株を売っても
配当・優待がもらえる

1日	2日	3日	4日	5日	6日	7日
(水)	(木)	(金)	(土)	(日)	(月)	(火)
	権利付き最終日	権利落ち日	非営業日	非営業日		権利確定日（決算日）
	3日前	2日前			1日前	

権利確定日の３営業日前(土日含まず)までに株を購入する

株式投資の勉強だけでもしてみることを
オススメします。

質問
Q

配当金はどうやって受け取ればいいですか？

答え
A

配当金をいつ、どんなふうに受け取るかは、企業によってばらつきがあります。権利確定日の2ヶ月後か、3ヶ月後が多いようです。

どんなふうに受け取るかも企業によって異なります。配当金書類が郵送されてきますので、それを郵便局や銀行窓口へ持って行って現金にしてもらいます。あるいは、証券会社で指定した銀行口座へ入金してもらうケースもあります。

このあたりは、証券会社のサイトに詳しく解説してありますので、調べておくといいでしょう。

お金を減らす人は世界の流れに無関心状態になっている

お金を増やす人は世界の流れに敏感になれる

理由4　グローバル化によりすべての人は国際競争にさらされる

グローバル化は今後ますます加速することが予想されます。経済的活動も文化的、社会的活動も国家や地域という境界がなくなっていくのです。

飛行機のチケット代はますます安くなり海外が身近になるでしょうし、海外からのお客様も増加します。

外国人労働者もまた、日本へやってきます。安い賃金で一生懸命に働く人や国を限定せずとも通用する優秀な人材が、大勢日本に入ってくるのです。

たとえば、ファーストリテイリングという会社があります。ユニクロなどの衣料品を扱う会社を傘下に持つ、持ち株会社です。積極的に海外展開をしており、世界のカジュアル衣料の売り上げは第4位です。

ファーストリテイリングは、全世界で働く正社員すべてと役員の賃金体系を統一する「世界同一賃金」を掲げています。

これは、日本企業だからといって日本人をひいき目にしていた評価基準を改め、どの国でもどこの国籍でも公平に評価するものです。欧米のグローバル企業では当たり前の制度ですが、日本人には馴染みがなく戸惑う社員もいたようです。

ファーストリテイリングほどのグローバル企業で働く人は、まだ少ないとは思いますが、これから業績が上がっていくのは、世界と戦える力を持った企業が多くなります。

その中で、こういった**世界の流れを意識できるかどうかは、今後の働き方、生き方に影響を与えます。**

世の中の流れを意識しながら、自らのスキルを上げていく人と、目の前の仕事をただがむしゃらにこなしていく人の間には、やがて大きな差が生まれるでしょう。

投資をしていると、日本経済についていてだけでなく、世界の流れまで見えてくるようになります。

私の友人で株式投資を20年以上やっている男性がいます。

5年前のことですが、突然、勤めていたＩＴ企業が倒産し失業してしまいました。

しかし、彼は投資をしていたことで、世の中の流れをつかむことができていました。

彼は「これからは癒し産業が伸びる」と考えており、失業する前から整体師の専門学校へ入学して整体のスキルを学んでいました。

今では自分の治療院を開業し、軌道に乗っています。

彼は、投資をしていたことで、流れを読む力、職を失ったとき保証（失業中の生活費や開業費、学費に余裕を持って捻出できました）など、多くのものを得ていました。

お金を増やす人は、世界の流れを敏感に感じ取ることができるのです。

質問 Q

株主優待はどうすればもらえますか？

答え A

株主優待も配当と同じように「権利付き最終日」に株を保有していればもらえます。

ただし、保有している株数によってもらえる内容が違ってきます。

たとえば、日本マクドナルドホールディングス（株）の場合、バーガー類、サイドメニュー、飲み物などの商品の無料引換券シート6枚が1冊になったものがもらえます。１００株から２００株保有している人には1冊。３００株から４００株保有している人には3冊。５００株以上は5冊というふうになっています。

それらが約３ヶ月後に郵送されてきます。

5

お金を減らす人は国の支援をアテにしている

お金を増やす人は自分の身は自分で守る覚悟がある

理由5　時代の流れに対応できる収入源

老後の生活のすべてを、年金頼りにしようと考えている人は、少ないとは思います。今の30～40代の人の年金支給額がゼロになることはないはずですが、年金だけに頼って老後を過ごすことは、ほとんどの人が不可能に近いでしょう。

ただ、老後のための資産形成が必要なことがわかっていても、「できるだけ貯金する」「個人年金保険に加入する」といったことが主な対策で、十分に準備できている人は少ないのが現状です。

国や大企業が用意した盤石なしくみであったとしても、時代とともに、現状にマッチしなくなることはあります。

世の中は刻々と変化しています。「このままではいけない」と感じているから、あなたは本書を読んでいるのではないでしょうか？

少子高齢化はますます進みますし、地方自治体も財政破たんする時代になりました。誰もが知る大企業も、突然倒産してしまいます。

そういう時代を豊かに生きるにはどうすればいいのでしょうか？

1つ目は、**新しいことを積極的に学びスキルアップすること。**

2つ目は、**家族や友人などの人間関係を大切にすること。**

そして3つ目は、**複数の収入源を持つこと。**

そのためにも、株式投資で第二の収入源を持つことを学ぶべきです。

投資の世界では「卵は1つのカゴに盛ってはいけない」という格言があります。

1つのカゴにすべての卵を入れておくと、カゴを落とした場合に、全部の卵が割れてしまう可能性が高いですよね。ですから、複数のカゴに分散して卵を入れておきなさいという意味です。

副業を容認する企業も増えていますから、第二の収入源を持つために、副業をするのもいいでしょう。

ただ、投資であれば、本業で疲れ果てている体に鞭打って、働くこともありませんし、副業が認められていない会社でも、どうどうと収入を得ることができます。

お金を増やす人は、国や企業、制度に依存せず、「自分の身は自分で守る」という意識を持てる人でもあるのです。

これが、最も安全な自己防衛方法といえます。

いまさら聞けない
株のこと!

質問 Q

株価ってどうして毎日値段が変わるのですか?

答え A

スーパーなどで野菜や魚、肉などの食材を購入するときに、「最近○○の値段が上がっているな」などと感じたことがあると思います。ものの値段は、需要と供給のバランスで決まっています。食材も、気候などによる出荷量の変動や天気などで、毎日値段が違いますよね。

それは需要と供給のバランスで価格が決まっているからです。それを「買いたい」という人が多ければ値段が上がります。それを「売りたい」という人が多ければ値段は下がるのです。

株も同じです。その会社の株を「買いたい」という人が多ければ株価は上がりますし、「売りたい」という人が多くなると株価は下がります。

野菜や魚の市場は権利を持った専門家でなければ入れませんが、株式市場は、一般人でも証券会社に口座を開設していれば誰でも売り買いができます。株式市場には、毎日たくさんの人たちが株を売り買いしていて、その需給関係によって毎日株の値段が変動するのです。

第2章

投資でお金を減らす人、増やす人の銘柄選択法

6

お金を減らす人は一つの投資指標に固執している

お金を増やす人は複数要因の因果関係を見つけられる

株式投資でお金を減らしてしまう人の多くは、たった一つの指標に固執しています。

たとえば、**ＰＥＲ（株価収益率）**という数値があります。この数値が低いほどその株が割安であることがわかる便利な指標です。**標準的なＰＥＲは約15倍**。これよりも**低ければ割安な株で「買い」**、**これよりも高ければ割高な株で「売り」**となります。

ですから、銘柄選択時にＰＥＲにこだわる投資家は多いのです。

ＰＥＲは、次の公式で計算します。

時価総額÷純利益＝ＰＥＲ

時価総額とは、「その日の株価」×「発行済みの株数」で計算する、企業価値を評価する数値です（日本で一番時価総額が高い企業はトヨタ自動車です）。

利益がたくさん出ているのに、時価総額が低い場合、ＰＥＲの数値は低くなります。つまり、**「業績がいいのに株価は安い」＝「割安」**となるのです。

しかし、ＰＥＲだけを見て「ＰＥＲが低いから割安だ」と買い注文を入れるのは、あまり得策ではありません。お金を増やしていく人はＰＥＲに固執せず、**複数の情報を集めてから銘柄を決める**のです。

なぜなら、ＰＥＲは万能ではなく、思わぬ落とし穴があるからです。

たとえば、その企業が持っている不動産を売却すれば一時的に利益が出ます。本業の売り上げが下がり業績は赤字だったとしても、一時的にＰＥＲが割安な数値を示すことはあるのです。こういった株は、その後急激に株価が下がる可能性があります。

逆に、**ＰＥＲの低い企業ばかり探していると成長率の高い企業を見落としてしまう**ことがあります。

たとえば、新しい分野の企業で、設備投資にかなりの資金が必要な場合、ＰＥＲの数値は割安にはなりません。しかし、高い確率で成長が見込まれる分野だとしたら、株価のさらなる上昇が予想されます。ＰＥＲに固執していると、こうした銘柄を買えません。

ヤフージャパンやアマゾンなどは、創業当初は赤字が続いていました。しかし、売上は確実に伸びていましたし、成長分野の事業ですから株価はどんどん上がっていきました。**赤字では、ＰＥＲの数値が算出されません。**ＰＥＲという指標しか見ていなければ、こうした高成長銘柄を選べないのです。

ＰＥＲが低い場合、その理由を調べることです。「どうしてこんなにＰＥＲが低いのだろう？」と考える癖をつけましょう。たとえば、

「不人気業種ではないか」

PERの計算式と目安

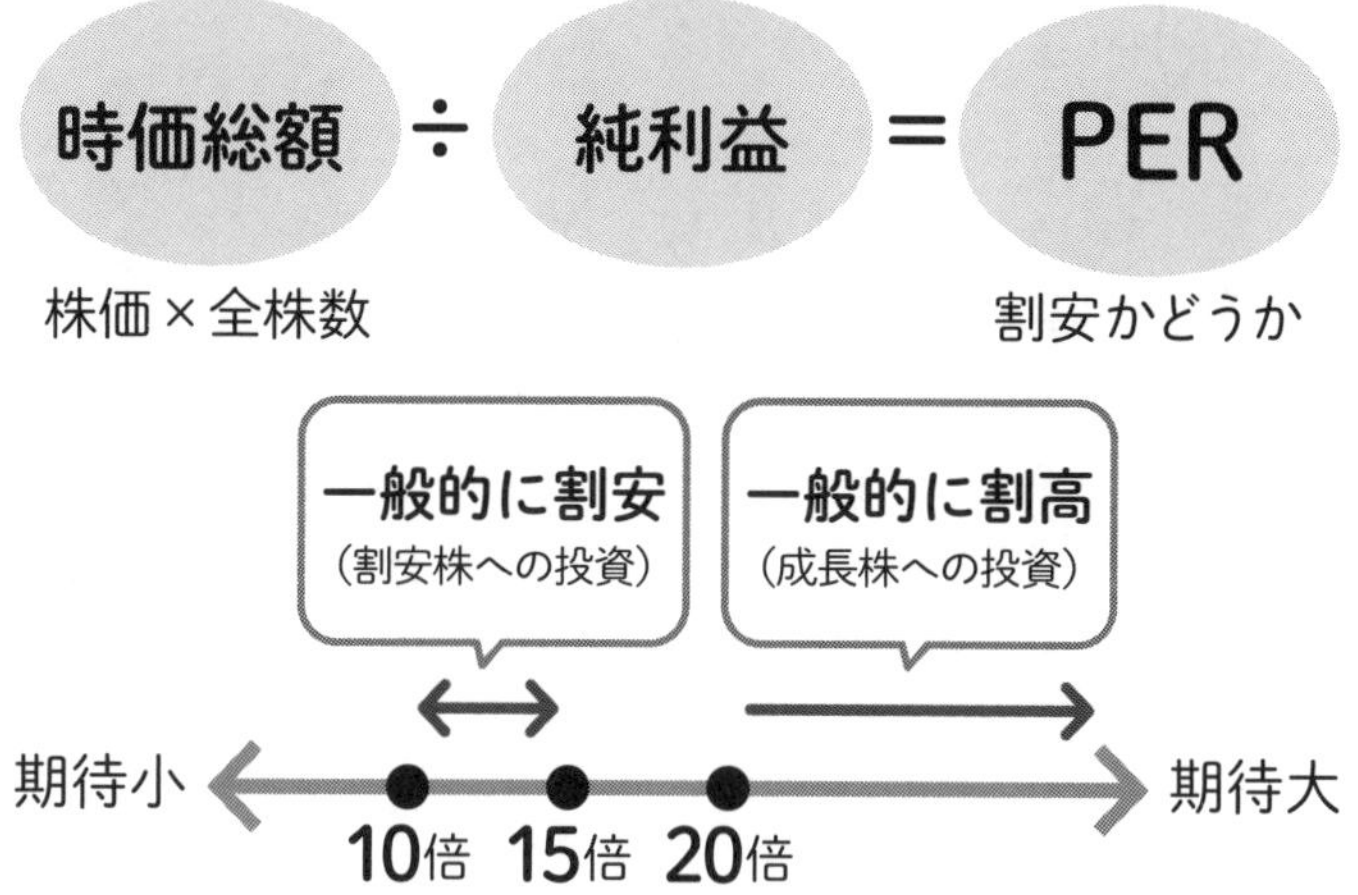

「業績が頭打ちで成長性なのではないか」
「地味でアピール不足の会社の可能性はないか」

などです。株式投資は人気投票の一面がありますが。そもそも人気の出づらい業界だったり、成長性がなかったりすると思われる会社はなかなか買われません。アピール不足の会社も結構あります。

こうした会社の株を買ってしまうと、長期保有してもまったく上昇しないこともあります（ただし、配当金が高く、過去に配当の減額もない会社の場合、長期保有であれば検討してもいいでしょう。配当利回り５％の会社の株を10年持てば、50％の配当

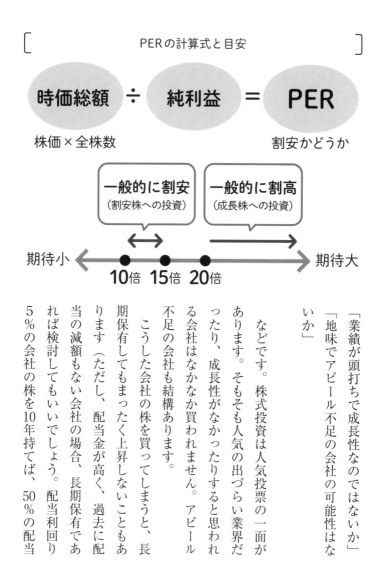

金を受け取れます。２割下落しても30％儲かり、年利回り３％の金融商品を持ったことになります）。

こうしたことをなくすには以下の行動も一手です。

まず業績を見ます。「株探《かぶたん》」というサイトの例で説明すると、企業名か証券コード（銘柄コード）を入力すれば、その会社のページが出てきます。そこに業績推移の表がありますので、売り上げが伸びているか、利益が出ているか、配当が出ているかなどをチェックしましょう。

証券コードとは、すべての上場企業についている識別番号のことです。トヨタ自動車は「７２０３」。ソフトバンクグループは「９９８４」です。

「株探」の、会社ページには、その会社に関連したニュースが掲載されています。「会社開示情報」を見れば、その会社が発表した資料を閲覧できます。そうした資料に目を通し、業績が上昇している理由や逆に悪くなった理由などを見つけるのです。

次に、事業内容をチェックしましょう。その企業のホームページに行くと、どんなサービスを展開しているか、どんな商品が発売されているかがわかります。そこで、

同業他社との差別的優位性があるか、将来有望かを考えます。

PERが低く、業績も伸びており、将来有望な会社の銘柄は「買い」です。

日本経済全体は低成長の時代ですが、わずか2年間で、株価が10倍に上昇した例もあり、伸びている会社もあるのです。

質問
Q

日経平均株価って日本企業すべての平均なのですか？

答え
A

日本企業すべてを計算したわけではありません。

「日経平均」とは、日本経済新聞社が算出している指標で、東証一部上場の幅広く取引されている**225社**の銘柄を対象とした平均株価です。

ただし、この「日経平均」には大きな落とし穴があります。日経平均は、単純平均なので、値がさ株（株価の水準が高い銘柄）の影響を強く受ける傾向があるのです。

例えばユニクロを経営するファーストリテイリングは4万円以上もする値がさ株で

この1社が大きく買われるだけで日経平均を押し上げることがあるのです。

機関投資家などは、TOPIXにむしろ注目しています（東証第一部上場株の時価総額の合計を終値ベースで評価し、基準日である1968年1月4日の時価総額を100として、新規上場・廃止・増減資・分割などにより修正され、指数化したもの）。また日本経済が成長しているかどうかを示すのであれば東証一部上場企業すべての株式時価総額（株価×発行済み株数）で比較するべきです。

バブル期の1989年の時価総額は591兆円でした。2015年12月にそれを抜いて600兆円に達しています。

この数字から推測すると日本経済は間違いなく成長しているといえるのです。

7

お金を減らす人は有力材料の影響力に気づかない

お金を増やす人は有力材料の影響を察知するアンテナを持っている

株式ニュースには、毎日株式に有利になる情報が流れています。

私がオススメしている「株探」のサイトにも、どこの会社が上方修正し、日本企業のどこが米国の大手企業と提携したのか、新たな政策がいつ発表されるかなど、株価に影響を与えそうなニュースが毎日更新されています。

そうした**有力材料にピンとくるアンテナを持っているかが、勝敗を決める**といっても過言ではありません。

たとえば、明治ホールディングス（明治ＨＤ）の株価が上昇したときのことです。同社は、Ｒ１乳酸菌を使用したヨーグルトを２００９年12月に発売開始しました。インフルエンザに効く、花粉症が治るなど口コミでの評価が高く、メディアで取り上げられるようになり、スーパーやコンビニの店頭に商品が多数並ぶようになったのです。

Ｒ１ヨーグルトは単価も高く、業績効果が期待できると読んだ人は、即座に明治ＨＤの株を購入し、その後株価は何倍にもなって大きな利益を得ました。

実際、メーカー側はインフルエンザに効く、花粉症が治るなどとは発言しておらず、テレビ番組のアナウンサーが雑談程度に発言しただけだったそうです。

このちょっとした変化、つまりある商品を店頭で見かける機会が増えたり、テレビでよく目にしたりといったこと、これがシグナルです。

こうした**シグナルは、案外身近なところにあったりします。**

眼鏡の「ＪＩＮＳ」はパソコンから目を守る眼鏡を発売して大きく業績を伸ばしました。

当時、街を歩いていると「ＪＩＮＳ」の店舗が急に増えていましたし、店頭にお客様がたくさん入っているのを見かけました。テレビＣＭも頻繁に流れていたので業績が好調だとわかります。

もちろん、逆のパターンもあります。

株価は高いところで推移しているのに、実際の店舗へ行ってみると、さっぱりお客様が入っておらず人気がないという会社もあります。そういった会社の株価は早晩下がります。

投資でお金を増やす人は、こうしたシグナルを見落としません。

まずは、あなたも自分の目を信じて判断してみてください。

いまさら聞けない
株のこと！

質問 Q

円安になると株価が上がるのはどうしてですか？

答え A

自動車や電機メーカーなどの輸出企業は、円安になると商品を輸出しやすくなり利益が増えます。企業の利益が増えることを見越して株が買われるのです。

日本は輸出企業の存在感が強いので、円安になると日本企業の株全体が上がります。

外国人投資家や国内の個人投資家たちは、「円安イコール日本株が上がる」という固定したイメージを持っていますので、円安になったら「さあ、上がるぞ！」と思って買い注文が殺到し株価が上昇していくわけです。

反対に、電力、ガス、食品などの輸入企業にとっては、円高のほうがメリットがありますが、円高になったからといって、さほど株価が上がったりはしません。

8

お金を減らす人は一時のブームに飛びつく

お金を増やす人は一時のブームを検証できる

株式投資でお金を減らしてしまう人は、飛び込んできたニュースやブームをあまり吟味せずに飛びつく傾向があるようです。

「カジノ法案が成立」と聞けば関連会社の株を買い、ポケモンＧＯが話題になれば、即任天堂の株を買う。うまく売り抜ければ良いですが、往々にしてタイミングを逃し、失敗する人が多いのです。

やはり、**ローリスク投資をするためには、中長期的に株価が上がり続けるかどうかを吟味する**必要があります。

インバウンド消費（訪日外国人観光客による日本国内での消費活動）として、中国人観光客の爆買いが話題になりました。これにより、ラオックス、ドン・キホーテ、ビッグカメラ、その他ホテルや百貨店などが、インバウンド関連銘柄として株価を上げたのです。

しかし、爆買いはさほど長続きしませんでした。爆買いをあてにしていた企業は次々と業績不振に陥り、株価も大幅に下げていきました。

一時のブームに乗って株を購入するのは危険です。ブームがニュースになったときには、すでに株価は高値になっています。もっと上がるぞと期待していると急にブームは去り、株価は一気に下がります。

「噂で買って、ニュースで売れ」という相場の格言があります。この意味は、「好材料（株価に対してプラスになる情報）を入手したのであれば、それが噂の段階で株を購入し、間違いのない事実だとわかり株価が大きく値上がりしたときに売れば、確実に儲かる」ということです。

もし短期で儲けたいのであれば、胸に刻む必要があるでしょう。

中国人観光客がやってきて、爆買いするらしいという噂の段階で関連株を買い、ニュースになったところで売るのです。

しかし、噂が本当になるかどうかはわかりません。やはり初心者は、短期での取引は控えたほうが安心です。

他にこんな事例もあります。日本通信というＳＩＭフリーで伸びた会社です。一時、株価が急上昇したのですが、ＳＩＭフリーは独自の技術をさほど必要としなかったため、参入企業が増え、結局価格競争になり赤字に転落。株価も下がりました。こういった株は、短期で勝負する場合にはいいのですが、中長期で株を保有するのには向きません。株価が短期で上がり、短期で下がるからです。

特殊技術が必要で、新規参入しづらい分野の会社は業績が伸び続けます。参入障壁があるかないかも吟味する基準になりますので、覚えておきましょう。

特殊技術を持つなど、注目すべき会社のポイントは、次の３つです。

❶ 一時のブームに乗らない

❷ 参入しづらい特殊な技術を持っている
❸ リピート商品を扱っている

この3つの基準をクリアしている会社の1つが、ポーラ・オルビスホールディングスです。アンチエイジング化粧品で話題になり、中長期的に伸び続けている会社です。化粧品は、いわゆるリピート商品。この会社の株価は常に高値圏で推移しています。販売チャネルもリアル店舗だけでなく、ネットへ拡大もしています。

また、衣料品を扱うTOKYO BASEという会社もネットとリアル店舗を融合させています。ステュディオス（STUDIOS）などのセレクトショップを持っており、リアル店舗での購入後は、ネットでも購入できるようにしています。加えて、SNSやチャットで店員とお客様が交流できるシステムとなっており、「今シーズンはこのスタイルがオススメ」など店員からの紹介や意見交換ができます。

このようにビジネスモデルのなかに、リピート客を育てる工夫がある会社も伸びるのです。

質問
Q

何が原因で株価が動くのですか?

答え
A

❶円安になると輸出している企業の株価が上がる
❷景気がよくなると全体的に株価が上がる
❸業績のいい企業の株価は上がる
❹政策や政局の変化が株価を動かす。金融緩和政策が発表されると景気回復の期待から株価は上がる
❺自然災害や天候によって株価は変わる。猛暑の夏はビール会社やエアコン会社の株価が上がる

❻海外市場の動向が日本の株式市場に大きな影響を与える（ニューヨーク市場が急騰すると、日本の株式市場もつられて値上がりする）

❼金利が低下すると株価が上がる（金利が低下すると企業は銀行からお金を借りやすくなるため、設備投資しすくなり企業は成長発展する）

9

お金を減らす人は配当や優待だけで銘柄選択する

お金を増やす人は業績や株価の変動も見定めて銘柄選択できる

配当や優待は、「確実に入ってくる利益」です。これは、先にもお伝えしました。配当や優待は、株価がどう変わろうが、取得した株数に従って株主に還元されます。

しかし、これだけで銘柄を選んでいると、お金を減らす人になってしまいます。

やはり、お金を増やす人は、配当や優待だけでなく、業績もしっかりと見て、伸びる会社かどうかを吟味します。

以前、「ワタミの株主優待がお得だ」と、ワタミの株は人気がありました。

しかし業績を見ると、あまり芳しくありませんでした。居酒屋であるため過当競争にさらされていたこと、飲酒運転の規制強化によって郊外店の売り上げが低迷していたことなどが理由として考えられます。最終的には、ブラック企業の評判により、業績が悪化し、株価も下がってしまいました。

「確実に入ってくる利益」である優待も、当初は土日も使える金額に制限のない食事券だったのですが、使用できる日や金額も制限されるようになりました。これでは優待の魅力もなくなってしまいます。

どれだけいい優待でも、業績も見なければ、最終的には損をしてしまうことはあるのです。

ただ、業績が悪化し株価が安くということは「買いのチャンス」でもあるのです。悪材料（株価に対してマイナスになる情報）が出てきて業績も悪くなった企業の株は、手を出しにくいものです。

しかし**「人が売るときに買い、人が買うときに売る」**というのが株式投資の鉄則ですから、業績の回復の可能性を見出し、株価が底を打ったと判断できれば買うべきです。

また、千趣会やニッセンなどのカタログ販売も優待に魅力のある銘柄です。千趣会は年に2回株主優待（買物券）がもらえます。優待利回りは2・7％と魅力的な銘柄だといえます。

しかし、カタログ販売はかなり古いビジネスモデルです。千趣会は業績不振により、15年3月期には24円あった配当を8円に減額しました。ニッセンもフジテレビ系列のグループに入りました。そうなると、いくら優待が魅力的だからといってもなかなか手が出せません。

プラネックスHDという会社があります。この企業はアマゾンジャパンのギフト券が株主優待として配当されていました。

13年の春頃の株価は600円台、配当利回りは3％程度でした。利回りが飛びぬけていいわけではありませんが、アマゾンジャパンのギフト券は金券と同じですから、実質の配当利回りを考えるとかなり魅力的でした。そのため多くの個人投資家がこの会社の株を買いました。

ところが、14年5月にこの会社が業績の発表をします。それは「下方修正」でした。つまり、営業黒字から営業赤字に転落したと発表したのです。その結果、配当予想は無配となり、お目当ての株主優待は中止となりました。

配当や優待がどんなに良くても、業績が悪ければ配当や優待そのものも減ってしまう場合があります。配当と優待だけで銘柄を選ぶのは危険なことなのです。

いまさら聞けない
株のこと!

質問
Q

銘柄を探すとき、どんな条件で選べばいいですか?

答え
A

中長期で投資する場合、もっとも重要なのは業績です。その企業は業績が好調なのかどうかを見てください。

ほとんどの企業は業績予想を発表しています。この予想数値と実際の数値に差異が発生したとき企業は業績予想の修正を発表します。このとき予想数値を高く変更することを**「上方修正」**といいます。

「上方修正」している企業の株をチェックしてください。「上方修正」するということは、業績が好調だということですから。

私はお客様に「株探」というサイトをオススメしています。ここで「決算速報」とか「市場ニュース」とかを見てみると、「上方修正」した企業のことが書いてあります。株探を含む、オススメサイトは、155ページで紹介しています。

10

お金を減らす人は短期も中長期も同じやり方で銘柄を選ぶ

お金を増やす人は中長期で投資をし自分の投資スタンスを崩さない

短期で取引するのと、中長期とでは、投資スタンスが異なります。しかし、お金を減らす人たちは短期と中長期の区別なく銘柄を選んでしまいます。

株価は、時に、業績に沿った動きではなく、思惑や噂などで乱高下することがあります。さらに一部の人の売り買いで大きく変動することもあります。短期で勝負する人ならば、そういう銘柄を選ぶのもいいでしょうが、変動が激しいので中長期で投資する人にはオススメできません。

中長期投資を基本に投資スタンスを考えていくことを、私はオススメします。

投資スタイルは、無数にあります。十人いれば十通りの投資スタイルがあると、私は思います。次に、私が考える代表的な投資スタイルを5つ紹介します。初心者の方は、まずこのスタイルをマネて、実践してみてください。

実際に投資を行う中で、その方法が自分に向いているかどうかがわかったり、よりよい方法が見えてきたりするものです。最終的にはあなたに合った、あなただけのスタイルを確立していただければと思います。

❶複数の数値と企業情報を収集し伸びていきそうな会社の株を中長期に売買する

❷成長分野の銘柄を株価が低いときに買っておいて長期に保有し上がったところで売る

❸上昇トレンドに入った銘柄が押し目（190ページ参照）になったところで買い、中期的に保有し上がったところで売る

❹チャート上でゴールデンクロス（93ページ参照）の出た銘柄を短期で売買する

❺好材料のニュースが出た銘柄を短期に売買する

［投資期間ごとの特徴］

	中長期投資	短期投資	デイトレード
期間	数ヶ月〜数年	数日〜数週間	数時間
手法	複数の情報を分析し、ローリスクながらも大きな差益をねらう	短期間での売買を繰り返し、小さな成果の積み重ねをねらう	１日に何度も売買を行い、リスクが高い

ローリスクで大きく増やすのなら
中長期投資を選ぼう！

質問
Q

チャートの見方がわかりません。「ローソク足」って何ですか？

答え
A

チャートは株価をグラフで表現したものです。基本的なチャートは**「ローソク足」「移動平均線」「出来高」**で構成されています。

そのなかの「ローソク足」は、一日の株価の動きを表したものです。

その日の**はじめについた株価を「始値《はじめね》」**といいます。株式市場がオープンする朝9時の株価です。株式市場は午後3時に終了します。その**最後の株価を「終値《おわりね》」**といいます。**1日のうちで一番高い株価を「高値」、一番安い株価を「安値」**といいます。

「始値」「終値」「高値」「安値」の４つの株価を、ローソクとヒゲを使って表現したものが「ローソク足」です。

始値よりも終値が高かったときは「陽線」といい白いローソクで表し、始値よりも終値が安かったときは「陰線」といい、黒いローソクで描かれます。このことから、次のようなことが読み取れます。

❶陽線が何本も続くと、今後の値上がりが期待できます
❷長い下ヒゲが出ると、今後さらに買われる可能性アリ
❸何本も陽線が出たあと長い陰線が出た場合は、下降トレンドに転換した可能性アリ

ローソク足の基本

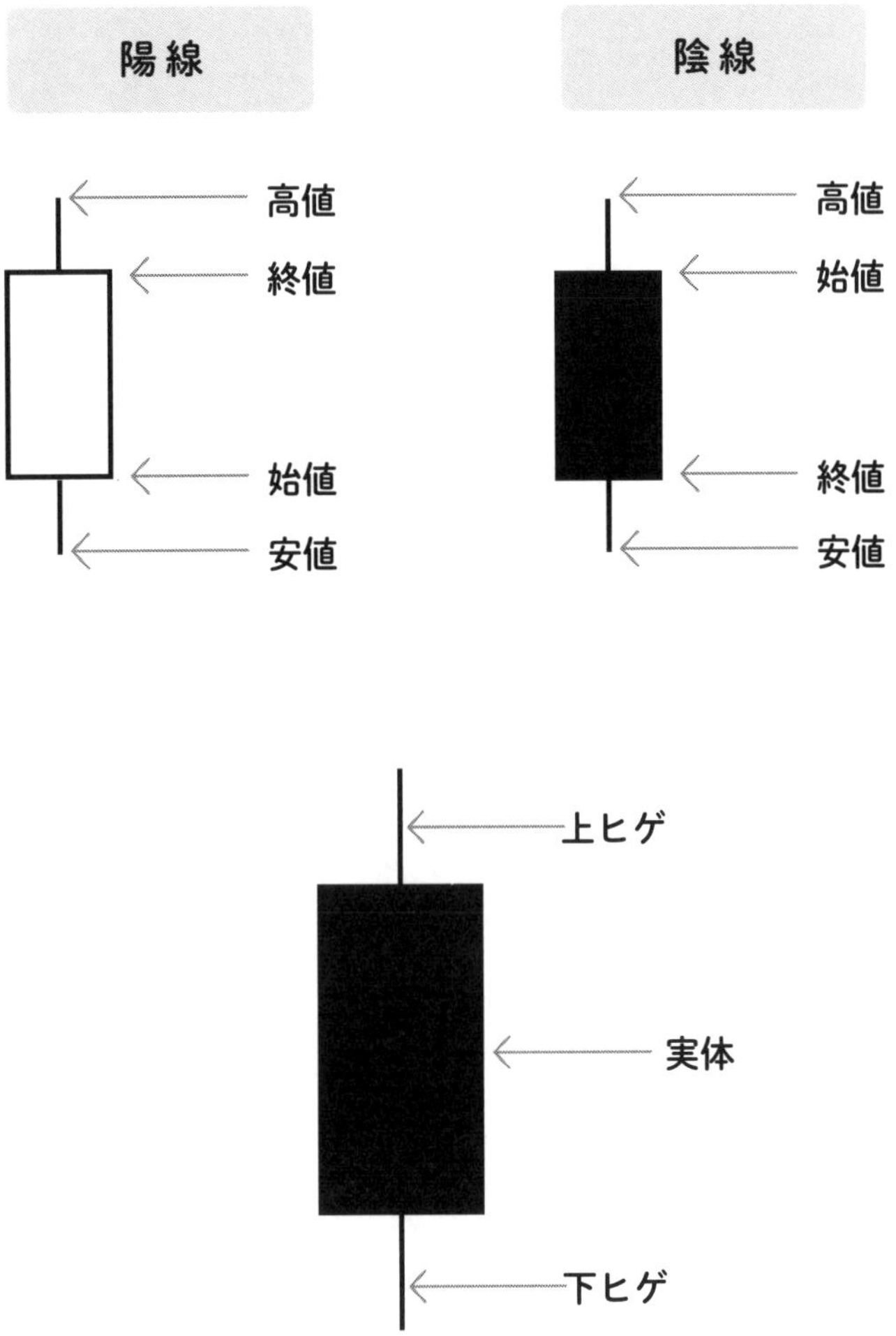

11

お金を減らす人は注目話題に飛びつき すぐに空売りする

お金を増やす人はチャートの崩れを確認して 空売りする

株式投資は、株価が上昇したときだけでなく、下降したときにも利益を出すことができます。これを**「空売り（信用売り）」**といいます。

空売りは、証券会社に株を借りて、売りからはじめます。実際に持っていない株を売るので「空売り」といわれているのです。

売った株価よりも価格が下がったところで株を買い戻し、株を証券会社に返します。

それが「空売り」の仕組みです。

株価に影響を与える材料（情報）が発表されると、そのニュースで株価が変動するような株のことを「材料株」といいます。お金を減らす人は、この材料株を安易に空売りしてしまい、大きな損失を出してしまうのです。

２０１４年の夏場のことですが、ラオックスの株に空売りが急増したことがありました。赤字続きの会社で中国資本が入ってなんとか細々とやっていた会社です。株価は50円台を低迷していました。完全な負け組でつぶれかけている会社だと業界で囁かれていました。いろんな報道もありました。

ところが、ラオックスの株価は8月から大きく上昇しはじめます。50円だった株価が10月には１５０円、11月には２００円、12月には３００円を超えていきました。

このとき、多くの投資家たちは、「どうせ下がるだろう」と思い、空売りを増やしたのです。

空売りの数は8月初旬で３００万株、後半には１５００万株、10月には３０００万株、11月には４０００万株を越えたのです。

最終的に株価は５００円まで上昇しました。約10倍も大化けしたのです。株価が50

円のときに空売りした人は大損したことでしょう。

中国人観光客がラオックスで爆買いしたおかげで業績も回復しました。

ところが、中国人の爆買いも一時的なもので終焉します。

炊飯器や温水洗浄便座など家電が飛ぶように売れていたのが、中国人観光客らの関心が医薬品や化粧品などに向かいました。

ラオックスは再び業績が悪化します。株価も５００円が70円まで下がりました。結局、元に戻ったのです。５００円で空売りすれば、大変な利益となります。

しかし、お金を増やす人は５００円の段階で空売りはしません。まだ上昇するかもしれませんからね。

お金を増やす人は、５００～３００円くらいまで株価が下がったところで、完全にトレンド崩れたことを確認して空売りします。業績が悪くて赤字続きだからといって安易に空売りしたりはしないものです。

トレンドが崩れたかどうかを確認するのは移動平均線を見ます。

上昇トレンドと下降トレンド

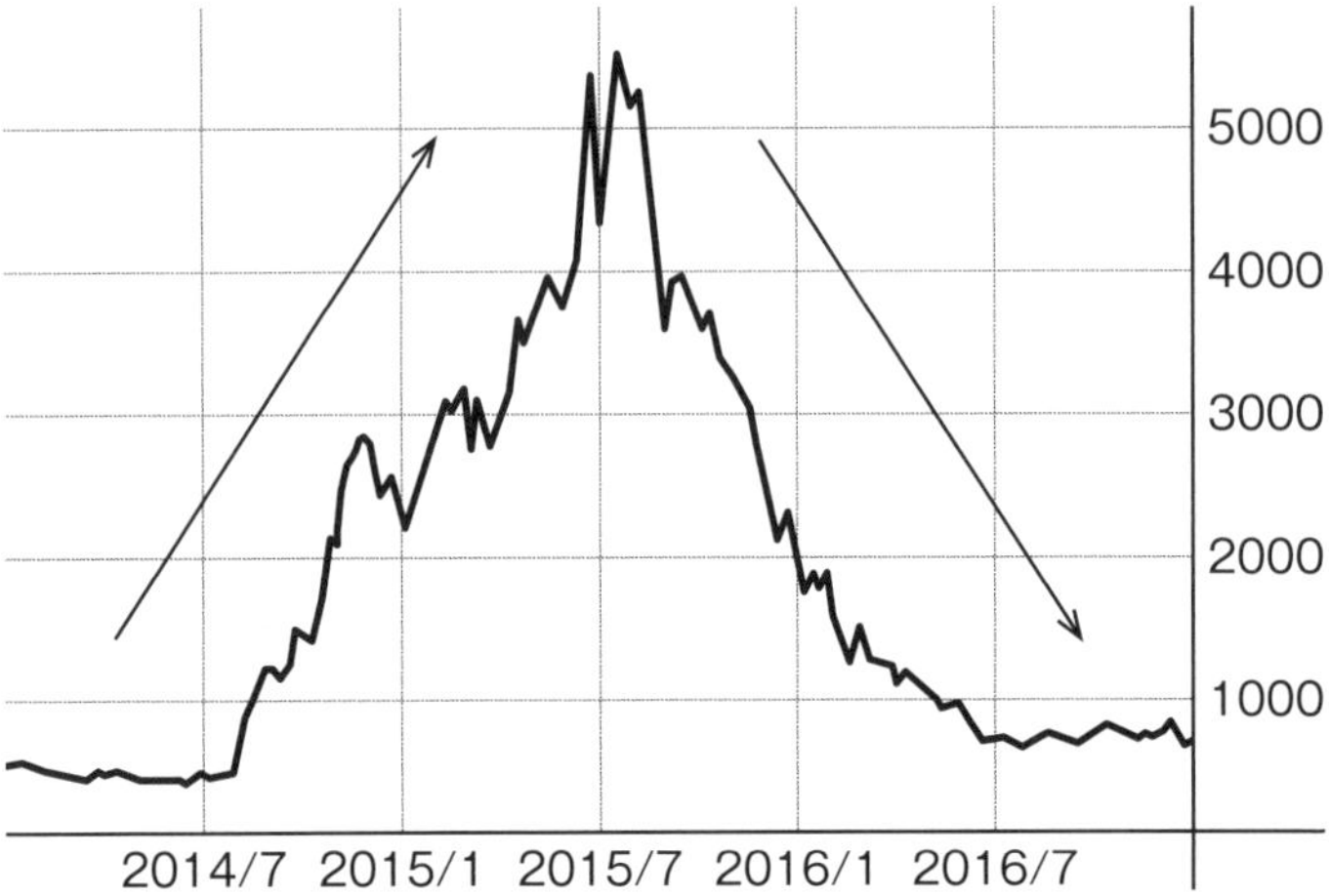

株価の流れのことをトレンドといい、**株価が下落している状態を「下降トレンド」、上がり続けている状態を「上昇トレンド」といいます。**

株価が下がり、移動平均線も下がってきたら、一般的には崩れたと見ていいでしょう。

具体的には200円まで株価が下がり、完全にチャートが崩れた（売りたい人が増えた）ことを確認して空売りしているということです。この人たちが、お金を増やす人なのです。

質問 Q

「移動平均線」から何がわかりますか?

答え A

「移動平均線」は、一定期間の株価の平均を取り、その値を結んで線グラフにしたものです。平均値をとる期間によって「5日移動平均線」「25日移動平均線」「13週移動平均線」など、いろいろなものがあります。これから次のことが読み取れます。

❶移動平均線が上昇すれば、株価が上昇トレンドに入ったことを意味する

❷株価が移動平均線よりも大きく上に離れれば、投資家たちの平均購入コストよりも高い価格にあることを意味する。つまり、売りが出て反落する可能性がある

12

お金を減らす人は中長期投資でテクニカル分析を重視する

お金を増やす人は中長期投資でファンダメンタルズ分析を重視する

銘柄を選ぶときの分析方法には二通りあります。「ファンダメンタルズ分析」と「テクニカル分析」です。

ファンダメンタルズ分析とは、会社をとりまく経済状況と会社の業績から分析します。「日本経済の景気」や「為替の動き」「世界の経済状況」「各種経済指標」「会社の業績」「決算書」などから分析するものです。

テクニカル分析とは、チャートを活用して売買タイミングやトレンドを分析します。「ローソク足」「トレンドライン」「移動平均線」「ゴールデンクロスとデッドクロス」

「グランビルの法則」などをチェックします。

短期投資と中長期投資では分析方法がまったく違うのに、お金を減らす人は逆のことをしてしまうのです。銘柄を選ぶとき、ファンダメンタルズもテクニカルも両方チェックしますが、どちらに重点を置くかということです。

お金を増やす人は、短期投資の場合、テクニカルを重視し、中長期投資の場合、ファンダメンタルズを重視します。

業績が良好で利益も出ていて、ビジネスモデルも申し分ない会社は中長期的には必ず株価は上昇しますが、時として短期的に値下がりすることもあるのです。

業績発表で上方修正した直後に株価が下がることもあります。逆に、業績が悪化して赤字へ転落したというニュースが流れた日に値上がりすることもあるのです。

株と会社は常に同じものではありません。短期的には、常識には当てはまらないような値動きをすることがあります。

ですから、短期投資の場合は、ファンダメンタルを重視しすぎると痛い目に合います。テクニカルを重視して銘柄選択したほうがいいでしょう。

「中長期は企業を買い、短期では株価を買う」ということです。

質問 Q

チャートにある出来高の棒グラフから何がわかりますか？

答え A

出来高（売買高）とは、売買が成立した株数を棒グラフにしたものです。出来高が多いほど活発に取引が行われたことになり、その会社の株に多額の資金が投入されたことを意味します。出来高のグラフから次のようなことが読み取れます。

❶ **出来高が少ない状態から急に増えた場合は、その企業に注目する人が一気に増えたことを意味する**（好材料が発表された可能性あり）。

❷ **株価の上昇が続いたあと、出来高が急増した場合、買いのピークを迎えたことを意味する**（反落する可能性が高いので要注意）。

13

お金を減らす人は銘柄に惚れ込んでしまう

お金を増やす人は銘柄判断に一定の距離を保てる

お金を減らす人は銘柄に惚れ込んでしまいます。惚れてしまうと、あばたもエクボに見え、判断が狂ってしまうのです。

以前私は、中村超硬という会社に惚れ込んでしまったことがあります。

この会社は、太陽光パネルの製造に必要な特殊な技術を持っており、業績も伸びていました。太陽光パネルの製造企業は、現在ほとんどが中国企業です。中村超硬は、その中国企業に輸出していました。

私は、中村超硬の特殊技術に惚れ込んでいたのですが、それに加えて、中村超硬のIR担当者から好材料を聞いていたため、更に想いを強くし、中村超硬への投資を続けていたのです。

しかし一方で、悪材料も見えてはいたのです。

中村超硬の大口取引先は、中国の大手企業1社しかありませんでした。大口取引先が1社のみの場合、その会社の業績は大口取引先次第で大きく変わってしまいます。加えて、中国企業は突然手のひらを返すようなことがよくあるのです。

私は、その悪材料が頭をかすめていたにもかかわらず、「特殊技術があるから大丈夫だろう」と高をくくっていたのです。冷静な判断力を失っていました。

予想は悪い方に的中し、その中国企業は、より安い地元の企業に寝返ってしまい、中村超硬との取引は大幅減となりました。そのため、業績は悪化、赤字転落となり株価も下落しました。

もともと、業績好調で買われていた株でしたから、業績が下がると株価は一気に下がります。

このように、投資のプロである私も、時にこうした判断ミスをしてしまいます。銘柄に惚れ込みすぎると、こうしたことが起こりかねません。

銘柄に惚れ込むというのは、「この銘柄は絶対に上がる」と、ある意味、**思い込みや固定観念が強くなり冷静な判断を失った状態**です。

思い込みを捨てて、柔軟な頭を持ちましょう。

質問
Q

信用取引って何ですか？

答え
A

信用取引とは、資金の少ない人でも担保を差し出すことで大きな金額の取引ができる株式投資のシステムです。担保として証券会社に預けたお金の約3倍の取引ができます。たとえば30万円を預けておけば、１００万円までの取引ができるのです。

しかし、金利がつき、**空売りするときは貸株料《かしかぶりょう》がかかります。**６ヶ月以内に返済しなければならないものもあります。

利益が出たときはその利益も大きくなりますが、損失が出たときには大きな痛手となりますので、それを覚悟する必要があります。

14

お金を減らす人は業績さえ良ければ株価が上がると信じている

お金を増やす人は企業業績だけでなく業界の機運も確認できる

株式投資では、常に理由を考える癖をつけましょう。業績が良い場合は**「なぜ良いのか」**を考えることです。

たとえば、年間20%ずつ増益している会社があるとしましょう。

その理由が企業努力によって、業界で圧倒的なシェアを占め、結果的に増益を勝ち取っているのだとします。しかし、その業界にあまり人気がない場合、その企業は一時的に評価されたとしても、なかなか継続的に高い評価を得ることはできません。

また、不動産を売却して一時的に増益になっている会社のケースも考えてみましょう。この会社の株価は短期的には上がるかもしれませんが、中長期ではあまり期待できないでしょう。

お金を減らす人は、こういった仮説を考えず、「業績が良い」というだけで安易に株を買ってしまいます。それでは、負けてしまうのです。

お金を増やす人は、銘柄を選ぶときに企業と業界の人気も考えます。

そもそも、株式市場というのは人気投票のようなものですから、いくら業績が良くても人気がなければ株価は上昇しないのです。

私がオススメするのは、やはり**人気の出そうな会社**です。

人気のある会社とそうでない会社を見分ける基準の1つは、時代の大きな流れ（メガトレンド）に乗っているかどうかです。

10〜30年くらいの長い期間に、世界がどのように変わっていくのかを予測し、銘柄を選ぶときにその会社がメガトレンドの波にのっているかどうかを見ていきます。

私が注目しているメガトレンドは主には以下の次の５つです。

❶人工知能（AI）
❷AR（拡張現実）・VR（仮想現実）
❸フィンテック（金融とテクノロジーの融合）
❹BtoB、CtoCなど電子商の拡大
❺ドローン
❻自動運転
❼IoT

こうした技術によって大きく世の中が変わっていきます。

インターネットで世界中がつながることにより大きく世の中が変わりました。小売りなどはわかりやすい例です。従来わざわざ買いに行くかカタログでの買い物に限られていたものも、インターネット上で買ってもらうことが可能になり、場合によっては世界中から買い付けが行われる可能性が広がりました。アマゾンなどはその好例です。

先程取り上げた技術などは世界を一気に変える可能性があります。

こうした技術に取り組んで将来勝ち組になりそうな会社を探すことも重要です。

質問 Q

「ゴールデンクロス」「デッドクロス」って何ですか？

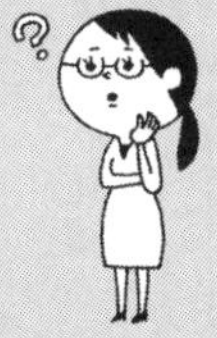

答え A

「ゴールデンクロス」とは、移動平均線の短期線（5日線や25日線）が、長期線（13週線、26週線、52週線）を**下から上へ突き抜けたとき**のことです。このゴールデンクロスがチャートに出てきたら、これから長期にわたって株価の上昇が続く可能性があるということです。つまり、絶好の**「買い」**どきだということです。

「デッドクロス」とは、短期線が長期線を**上から下へと突き抜けたときの**ことです。これは、株価が下落することを意味します。つまり**「売り」**どきだということです。

ゴールデンクロス（買いサイン）

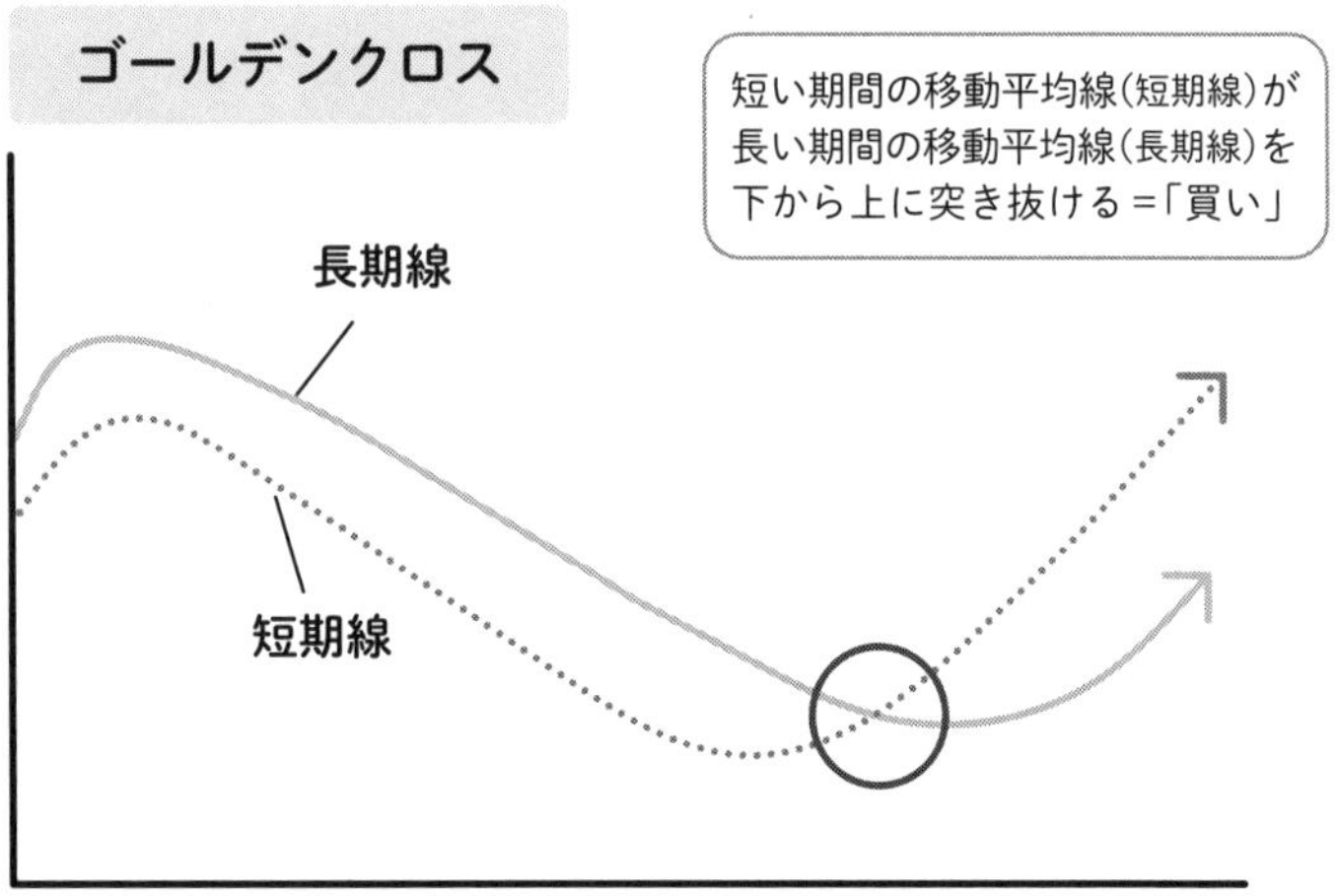

デッドクロス（売りサイン）

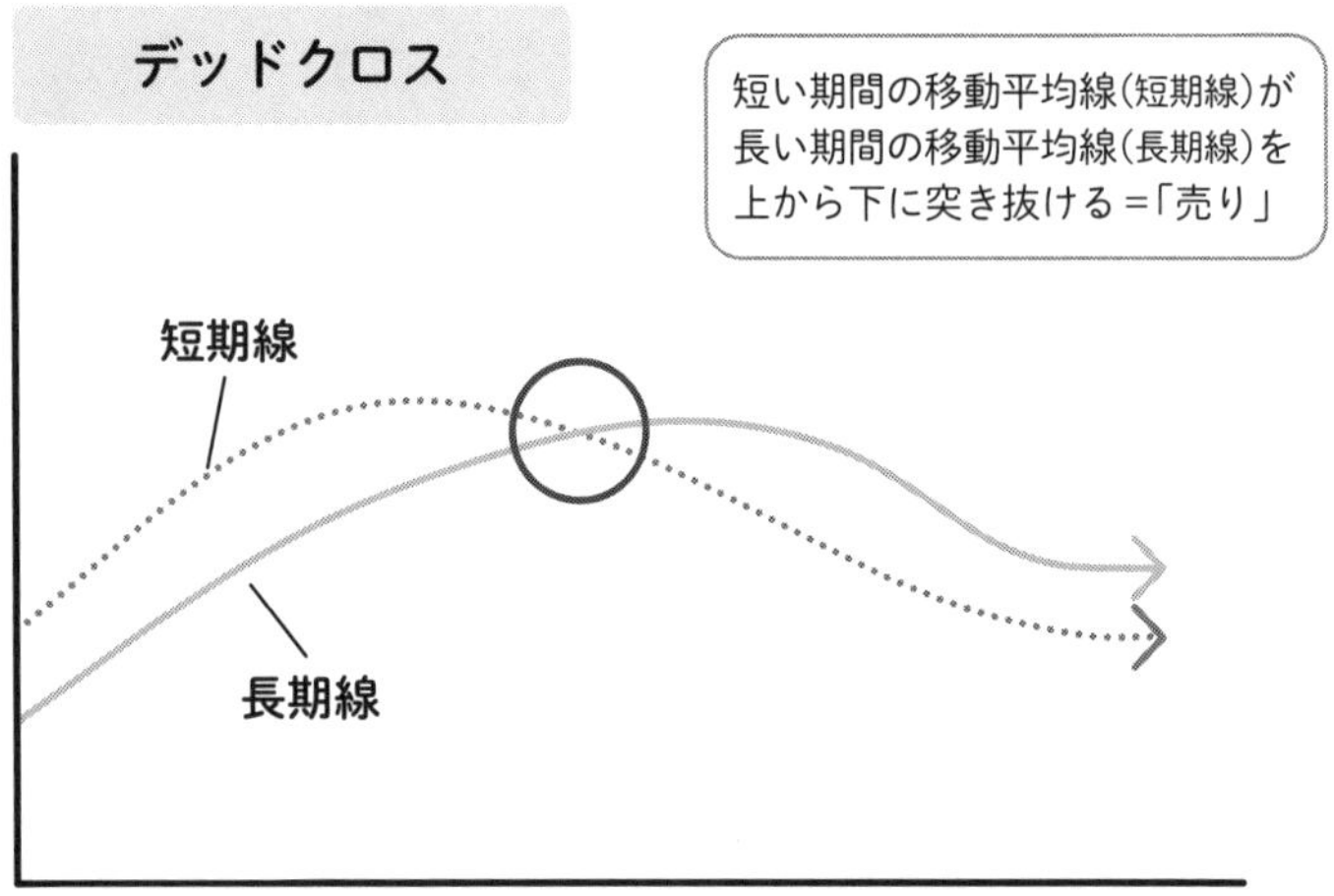

お金を減らす人は低位株を魅力的だと感じる

お金を増やす人は低位株には裏があると考え慎重に判断する

低位株というのは、一般的に株価が約５００円以下の株式のことをいいます。低位株は小予算でもたくさんの株が買えますので、一見有利に見えます。

たとえば、投資予算が30万円あったとします。１００円の株ならば３０００株購入できますが、１０００円の株は３００株しか買うことができません。10円値上がりした場合、前者ならば３万円の利益がでますが、後者ならば３０００円の利益となります。

そこで、お金を減らす人は低位株に魅力を感じるのです。実は、ここに大きな落とし穴があります。

お金を増やす人は、低位株には低位である理由があると考えるのです。

たとえば、株式分割（発行されている株1つを、2つや3つなど複数に分割すること。発行済み株式数が増え、資本金額は変わらないため株価は下がる）が行われ、低位株になっているものもあります。

みずほ銀行（みずほフィナンシャルグループ／8411）は現在、株価は200～300円を行ったり来たりしています。小泉政権の頃に、株価は100万円くらいでしたが、その後分割され低位株となりました。

4000円だった株を5分割すると800円になります。企業が株式分割を決議して「この日から自社の株は800円になります」といえば分割できるわけです。

分割するだけですから、その会社の株を持っている人の資産は増えもしなければ減りもしません。

しかし、それまで株価が高くて手が出せなかった個人投資家たちには、買いやすくなります。そうなると活発に売り買いされるようになるのです。

また、株式分割する姿勢が市場に評価される側面もあります。

個人投資家が買いやすいようにしたわけですから、投資家の立場を尊重した企業だと評価されるのです。

しかし、みずほ銀行のように大手企業で安定している会社が分割で低位株になることもありますが、**本来、低位株とは何らかの不安要因を持っていることが多い**のです。業績が悪かったり、企業体質が悪かったり、不正を働いていたりと、株価が下落した場合が多いのです。

シャープは以前、2000円以上の株価でした。ところが業績が悪化して「倒産するのではないか」と噂されるようになり、ここ5年間ほど（2017年現在）大きく下落（幸い鴻海の資本が入り復活を期待させる動きにはなっています）。東芝も不正会計事件を起こしてから株価が急落し、現在は200円前後を推移しています。

お金を増やす人は、安易に低位株に手を出しません。その理由を探り、分析したうえ

で購入するのです。

相場の世界に「前科者（不正を行うなど）ほどよく上がる」ということわざがあります。悪材料を抱えている銘柄が人気化することがあるのです。そういう銘柄が値上がりすると、信用取引での空売りが増加します。その買戻しを狙った信用買いも増えるので、結果的に人気が出ます。

この場合は一時的な上昇ですので、短期で売買しなければいけません。中長期での保有は危険だといわざるを得ません。

いまさら聞けない
株のこと!

質問
Q

「グランビルの法則」って何ですか？

答え
A

アメリカのアナリスト「J・E・グランビル」が考え出した法則のことです。グランビルは**「買い」と「売り」のタイミングをチャートから読み取れる**ことを発見しました。これにはそれぞれ4つのパターンがあります。

【買いシグナル】

❶株価が移動平均線を下から上に突き抜けたとき

❷上昇トレンドの移動平均線を、株価が上から下に突き抜けたとき

❸株価が移動平均線に近づいて下落したあと、線をクロスすることなく再度上昇し

たとき

❹株価が移動平均線を大幅に下回って値下がりしたとき

【売りシグナル】

❶横ばいか下落しはじめた移動平均線を株価が上から下へ突き抜けたとき

❷下降トレンドの移動平均線から、株価が一時的に上回ってからすぐに下に突き抜けたとき

❸下降トレンドの移動平均線より下にあった株価が、移動平均線に近づいたあとクロスすることなく再度下がってしまったとき

❹移動平均線が上昇していても、株価がそれよりもはるかに上にあるとき

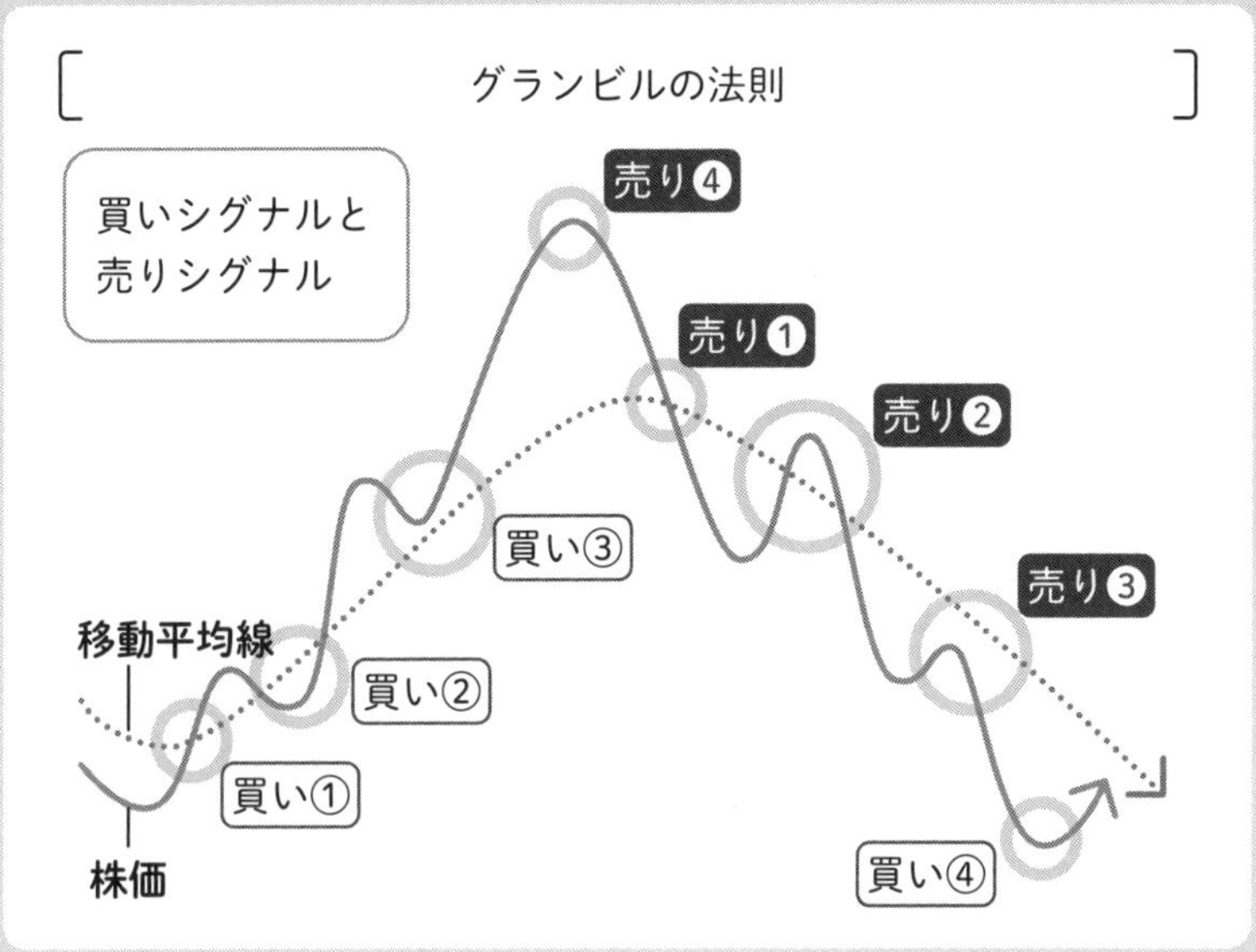
グランビルの法則
買いシグナルと
売りシグナル
売り❹
売り❶
売り❷
売り❸
買い③
買い②
買い①
買い④
移動平均線
株価

16

お金を減らす人は「特別利益」を投資基準に入れる

お金を増やす人は「特別利益」を無視する

企業の決算書を見ると利益が急に高くなっていることがあります。一時的に利益が上がった**「特別利益」**です。お金を減らす人は、「利益が上がった」＝「業績が良い」と単純に判断し、急いでその株を購入してしまいます。

しかし**特別利益とは、本業から得た利益ではないことが多い**のです。

たとえば、10億円で買った会社の株が値上がりして15億円になったとします。売却したわけではなくあくまで含み益ですが、会社によってはこの5億円の含み益も利益の計算に入れる会社もあります。そうするとＰＥＲも急に下がって「割安」な株だと評価されるのです。

その会社が持ち株や不動産を売却したときにも利益は出ます。それらは、すべて本業から得た利益ではありません。こういった利益のことを、私は「なんちゃって利益」と呼んでいます。

お金を増やす人は、この「なんちゃって利益」は無視します。株価は一時的に上昇するかもしれませんが、中長期的に上がるとは考えにくいからです。

子会社が上場することで親会社の株が上がることもあります。これも、一時的なものですから無視します。

不動産の売買時期も調べておきたいところですが、そのような情報はなかなか手に入るものではありません。株をいつ買って、いつ売るのかは勘をたよりにするしかなくなるのです。それでは投資ではなくギャンブルに近くなります。

お金を増やす人は確実な売買を好むものです。ギャンブル性をできるだけ排除し、

「この銘柄なら大丈夫」と確信が持てるまで取引しません。一時的な特別利益などは無視し、本業でちゃんと利益を出しているかどうかを判断基準にします。

ウォール街にこんな格言があります。

「ベストの手腕、ベストの幸運を持て、さもなくば退場せよ」

ベストの手腕とは、株式投資の勉強をしっかりしてベストの知識を身に付け、ベストの勘を磨くことです。そして、ベストの買い場や売り場がやってくるのを辛抱強く待つことです。

それが株式投資で勝つための秘訣です。

質問 Q

「営業利益」と「経常利益」はどう違うのですか?

答え A

「営業利益」とは、本業で得られた収益のことです。「売上高」から、「売上原価」「販売費」「一般管理費」を差し引くと「営業利益」がでます。「経常利益」は、本業以外の収益と費用を含めて計算します。たとえば「不動産を売ったときの収益」とか「有価証券を売ったときに損が出てしまった」といった数値が含まれます。

ちなみに、経常利益から税金を支払った残りが「当期純利益」です。

第3章

投資でお金を減らす人、増やす人の売り方・買い方

17

お金を減らす人は上昇トレンドが崩れても放置する

お金を増やす人は上昇トレンドが崩れたら撤退する

お金を減らす人は上昇トレンドが崩れても放置する傾向があります。

トレンドというのは、流れのことです。**小幅に上下しながらも上昇していく動きのことを「上昇トレンド」、上下しながらも下落していく動きを「下降トレンド」といい、横ばいの動きを「もみ合い」**といいます。

下降トレンドがひと段落して、もみ合いになり、上昇トレンドに転換したころで株を買うのがベストです。そして、上昇トレンドに入っていくのですが、時々、さほど上昇せずもみ合いになり、下降トレンドへと転換することがあります。

［　もみ合い　］

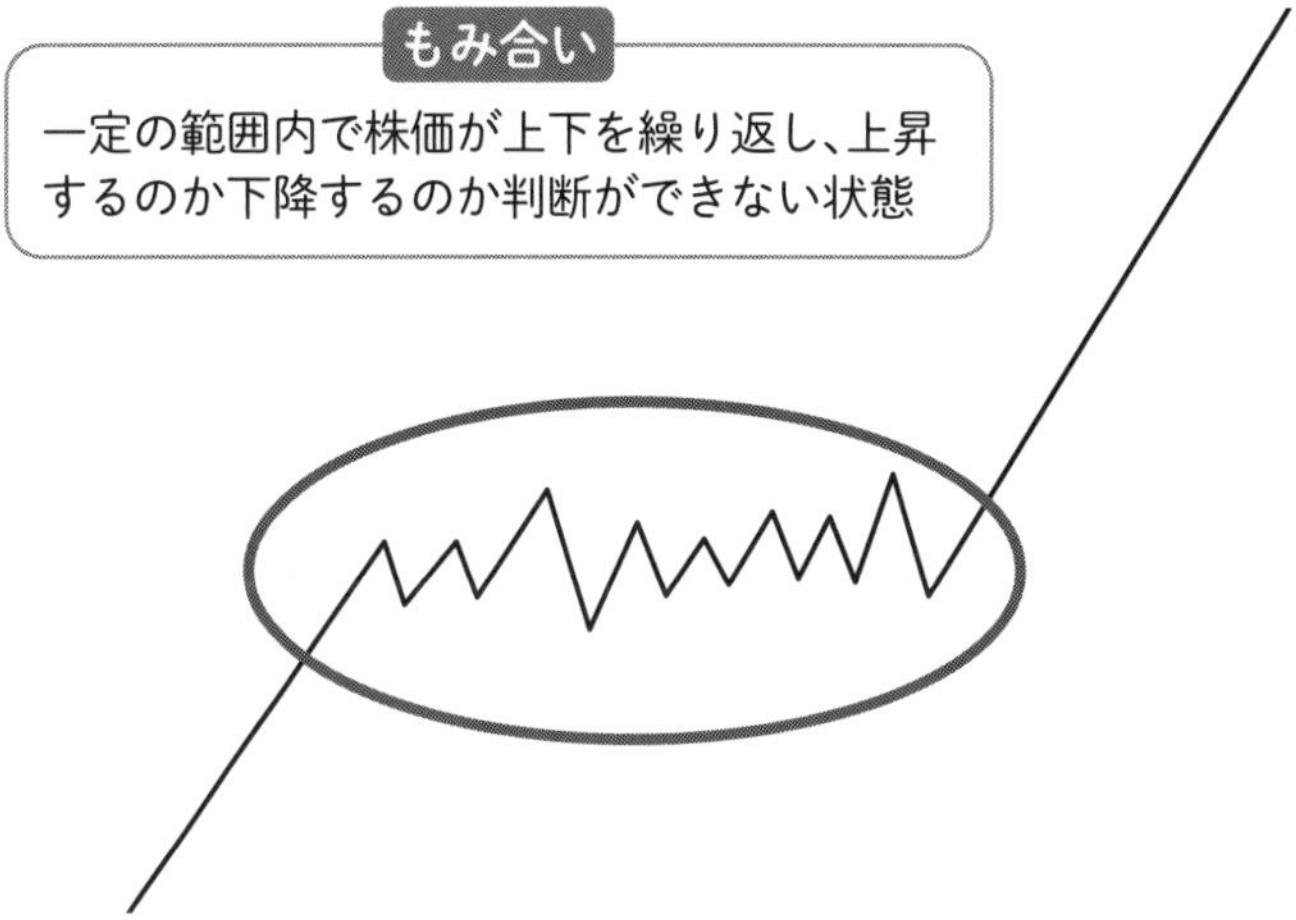
もみ合い
一定の範囲内で株価が上下を繰り返し、上昇するのか下降するのか判断ができない状態

［　上昇トレンドの崩れ　］

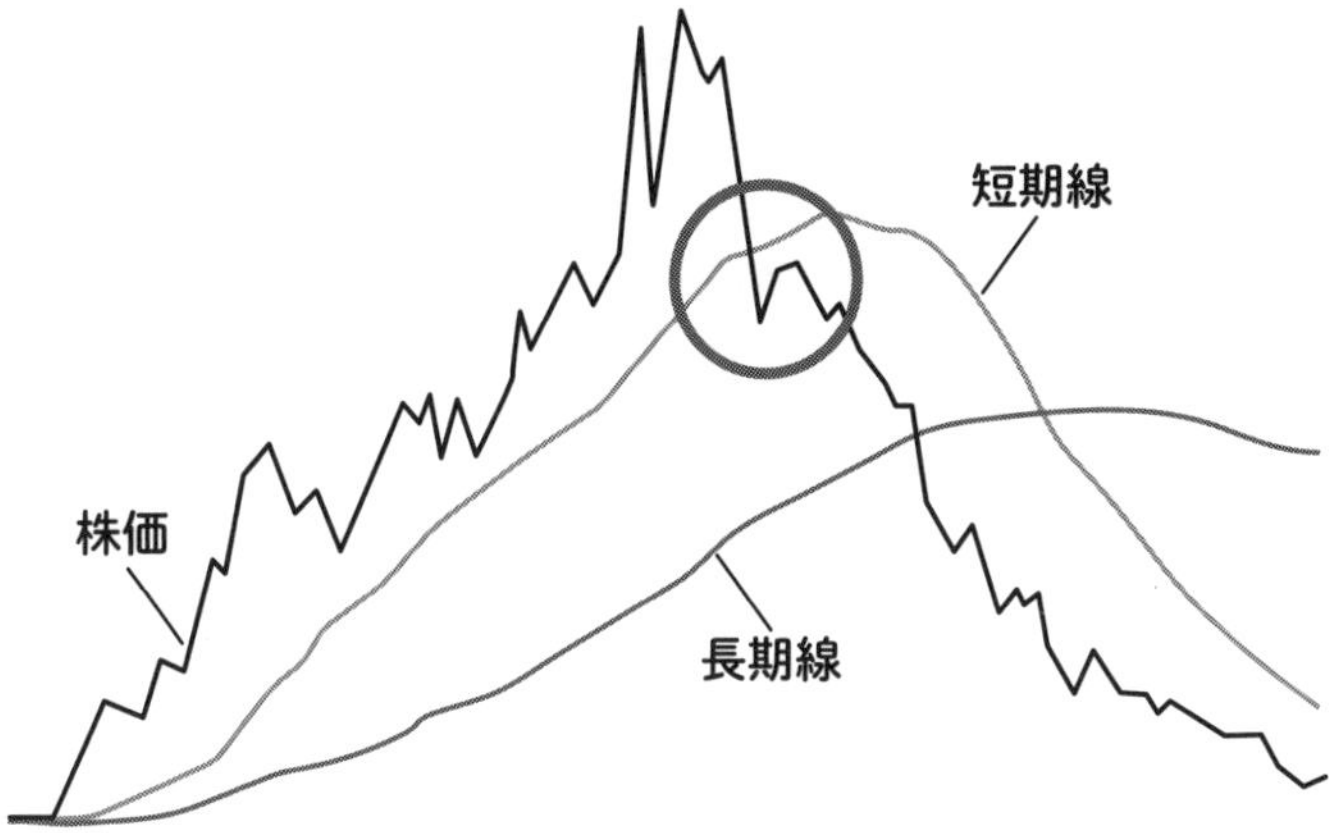
短期線
株価
長期線

そのとき、**「上昇トレンドが崩れた」**といいます。

トレンドラインが崩れても放置しておくと一気に下落してしまう可能性があります。

相場のことわざに**「上がり100日、下げ10日」**という言葉があります。株価というものは、100日という長い年月をかけて少しずつ上昇していきますが、下げるときはわずか10日で暴落するという意味です。

「天井3日、底100日」ということわざもあります。しかも、このことわざは「底100日」ではなく、「底3年」と訂正する人もいるくらいです。つまり、高値はわずか3日しか続きませんが、安値になると3年も続くといっているのです。

ちなみに、株価が下落すると「含み損（実現していない数字上の損）」をかかえることになりますが、この含み損のまま放置していることを「塩漬《しおづ》け株」といいます。

3年間も塩漬けしたまま、その資金を他に回せないとなると、利益を上げるチャンスがなくなってしまいます。3年も4年も待てるのなら、倒産しないかぎりは、いつかは元の株価に戻る可能性があります。

しかし、**お金を増やす人は、その時間を買うつもりで株を売って仕切り直しをします**。トレンドラインが崩れたと思ったら、**すぐに売って撤退**するのです。お金を増やす人は、損をしても次で取り返せばいいと考えます。

10回取引をして9回負けても、最後の1回ですべてを取り返すと考えるのです。

質問 Q

何%の儲けを目指せばいいですか?

答え A

「儲かるだけ儲けたい」と誰もが思うところですが、あまりにも強欲になりすぎると売るタイミングを逸してしまい、株価が下落してしまいます。かといって、1%や2%の小さなリターンでいいと考えると中途半端な投資に終わってしまいます。

1回1回のトレードでは勝ったり負けたりするかもしれませんが、数年で何倍かになればいいという考え方も必要です。お金を増やす人は5年で2倍になればいいくらいに考えています。

18

お金を減らす人は「買い」のタイミングばかり考える

お金を増やす人は「売り」のタイミングも上手に活用する

お金を減らす人というのは買うことばかり考えています。私はこれを**「買い買い病」**と呼んでいます。とにかく買いたいと思ってしまうのです。それで、信用取引で買ってしまいます。

信用取引は株券や現金を担保に借りて売買するのですが、多くの人は上がる株を買います。それは当り前なのですが、ただ**信用取引で買うというのは借金して買う**わけです。うまくいけば１００万円のお金が３００万円の買いを生むわけですから、それはそれで強烈な武器になります。

しかし、その反面3倍のレバレッジをかけますので、3割下がったら元金はほとんどなくなってしまいます。ですから信用取引の場合は、売りも上手に使っていかなければいけません。

「**買いは算術、売りは芸術**」ということわざがあります。

買いは計算のもとに出せるが、売りは上昇して欲しい欲望を超えて冷静に判断するからそれが芸術だよと言うことです。

お金を増やす人は、芸術と算術の両面を持ち合わせています。

たとえば、株価1000円で買った株が1200円になりました。

自分はこの会社に惚れているから持ちたい。でもどう考えてもトレンドラインが崩れてきた、これは下がりそうだ、でも惚れているから売りたくないというときに、お金を増やす人は「つなぎ売り」をします。信用取引で売りを入れるわけです。いわゆる「空売り」です。

1200円で1000株の売りを入れると結果的にその人の予想通り、1100円まで下がりました。その人は1200円で売りを入れていますから、1100円のところで買い戻せば100円の利益が出るわけです。

しかし、現物の持ち株はそのままです。単純に、売りを入れることによって、その株価が下落したときに収益を得ることができます。

「もし株価が上がったらどうなるの？」という心配もあるかもしれません。それは現物を売るかどうか迷ったのだから、その現物を返してしまえば、結果的にこの人は、1000円で買って1200円で売ったのと同じことになるわけです。そういう売りをするケースが実は多いのです。

質問
Q

どのタイミングで株を買うのが一番いいですか？

答え
A

最も低い価格（底値）で買って、最も高い価格（天井値）で売るのが理想的ですが、それを狙うと思わぬ落とし穴に落ちる危険性があります。底値だと思って買ったものの、さらに値下がりすることもあります。

つまり、予想を裏切られることは、相場の世界ではよくあることなのです。

買った直後に値下がりしたからといってがっかりせず、もう少し待って値上がりするのを待つのか、売って仕切り直しするのかを、考えてみましょう。中長期的に判断し、その会社が伸びると思ったら値下がりしたときに買い足してもいいと思います。

19

お金を減らす人は企業利益の伸びばかりに気を取られる

お金を増やす人は事業特性を意識しながら売り上げの伸びも見られる

お金を減らす人は、利益の伸びばかりに注目します。たしかに、利益は重要です。利益が出ていなければ会社はつぶれてしまいますからね。

しかし、**利益というものは、売上が変わらなくても、あるいは下がっていても出すことができる**ものです。大規模なリストラを断行するとか、コストカットの効果で一時的に利益を出すことができます。

しかし、売上はそうはいきません。商品が売れていなければ上昇しないのです。減収増益というのは投資家たちに嫌われます。

売上が伸びているときは、店舗数も従業員も増えているでしょうから、一時的には利益が減少するかもしれません。設備投資も必要ですからコストがかかります。増収増益が理想的ですが、減益であったとしても、増収であれば買いと判断する投資家も出てきます。

アマゾンは、インターネット販売の市場が絶対に伸びると見越して先行投資しました。そのため長い間赤字が続きました。アメリカの投資家たちはそれでもアマゾンの株を買い続けました。それは実際に売り上げが伸びていたからです。

売り上げが伸びていて、設備投資が落ち着くと赤字から黒字に転じます。そのとき、株価の上昇はさらに加速します。アマゾンの黎明期に株を買っていた投資家たちは莫大な富を手に入れたわけです。

日本でも、アイスタイルという会社があります。

ここは、化粧品の口コミサイト（アットコスメ）を運営しており、海外も含めて伸びている会社です。この会社が先行投資をしたことで、かなりの減益になりました。

それで人気が落ち、株価が下落したのです。９００円台だった株価が、６００円前後まで落ちました。

しかし、冷静に考えるとその減益は一時的なものです。中長期に考えると、そのコストは売り上げの増加で回収できます。

お金を増やす人は、こういう株を買っておくのです。

つまり、**お金を増やす人は、会社の利益だけではなく、売上の伸びも必ずチェックするのです。**

質問
Q

初心者でもデイトレードで成功できますか？

答え
A

デイトレードとは、１回のトレード（売買の取引）が数十分から数時間の間に行われるものをいいます。１日に何十回も売買する人もいます。

会社勤めをしている人には、そんな時間はありません。まず無理です。どの株を買えばいいのか吟味する時間も必要ですし、情報を集める時間も必要です。テクニカルな専門知識も勉強しなければいけません。なにより、強靭な精神力が必要です。初心者にデイトレードはデメリットが多すぎます。

初心者の方には、中長期での売買をオススメします。

20

お金を減らす人は株価変動に敏感になり利益確定を急いでしまう

お金を増やす人は買った根拠を押さえ利益確定のタイミングを変えられる

「株価を見るか、会社を見るか」ということです。

お金を減らす人は、株価ばかりに気を取られて、少しでも株価が上がるとすぐに利益確定して売ってしまいます。2%や3%といった小さな利益を積み重ねていくわけです。

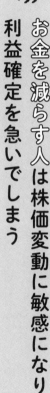

しかし、株式投資は負けるときは一気に下落します。

損失が30〜40%出てしまうことはざらにあるのです。そうなると、いままでに小さく積み上げてきたものがいっぺんに吹き飛んでしまいます。

お金を増やす人は、買ったときの理由を考えます。

ある会社の中期経営計画を見ると、3年で3倍を目指していることが書いてあったとします。実際にこの会社がやっていることや経営者の資質などをチェックしてみて、この会社ならば少なくとも2倍は達成しそうだというシナリオを自分なりに組み立てるのです。

ですから、**お金を増やす人は、株価が1割、2割と上がったところで売りません。株価が2倍になるまで保有しておけばいい**のです。

もちろん、逆もあります。好材料が発表された材料株の場合、短期で一気に上がるケースがあります。しかし、好材料というのは一過性のものですから、上がったらすぐに売らなければなりません。下がるときも一気に下落するからです。

つまり、買ったときの理由で利益を確定するタイミングを決めるのがお金を増やす人なのです。

私はよく、投資をサッカーにたとえています。

サッカーは同じ勝率のチームがある場合、得失点差で優勝が決まるのです。勝つときにいかに多く勝って、負けるときにいかに少なく負けるかです。極論すると、投資の場合は、50勝70敗でも、50勝の中身の価値を上げて、70敗以上の収益をあげればいいわけです。

やはり、得失点差で、最終的に利益が出たことが勝ちになるのではないでしょうか。

いまさら聞けない
株のこと!

質問
Q

企業の決算はいつ発表されますか?

答え
A

上場企業は、重要な会社情報を開示することが義務づけられています。これを「適時開示」といいます。決算情報は、「重要な会社情報」のなかの1つで、「決算短信」「四半期決算短信」「業績予想の修正」などがあります。

決算短信は、決算期末後45日以内に発表することが適当とされています。ですから、12月末が決算の会社は、2月15日までに発表しなければならないのです。

45日以内のギリギリに発表する会社もあれば、早めに発表する会社もあり、会社によって発表日はまちまちです。

お金を減らす人はいつも全力投球で勝負しようとする

お金を増やす人は自信があるときにだけ勝負できる

お金を減らす人は、常に目いっぱい勝負しようとします。ときには信用取引で持っているお金以上の取引をしようと考えます。常に、何を買おうか、と「買い買い病」になっている状態です。

なかなかいい銘柄が見つからないときがあります。チャートを眺めたり、企業情報を調べたりしても割安な銘柄が見えて来ないのです。そんなとき、お金を減らす人は、それでも何を買おうかと考えてしまいます。

これは危険なシグナルです。

お金を増やす人は、自信があるときに絞って勝負します。月に一千万も二千万も稼ぐトレーダーでさえ、よくわからないときがあります。割安で値上がりしそうな銘柄が見つからないのです。ちょっといいかなと思っても、イマイチ自信が持てなかったりします。

そういうとき、**お金を増やす人は、少額で売買します。**まったくやらないと相場の勘が鈍っていきますので、負けてもいいくらいの金額を投下するのです。そして、しばらく様子を見ます。

おとなしくしていると、「これはイケる!」というタイミングが必ずやってきます。

お金を増やす人というのは、いつも、いつも勝負しているわけではありません。ここぞというチャンスをとらえて勝負するのです。

質問 Q

会社が自社株買いをすると なぜ株価が上がるのですか？

答え A

自社株買いとは、会社が自分の株を買うことです。買い取った自社株は「**金《きん》庫《こ》株《かぶ》**」として保有されるか「**消却**」されます。

なぜ、このようなことをするのかというと、それは株主の価値を高めるためです。企業が自社株を買うと、市場に出回る株式数が減ります。需要と供給の関係から株価は上昇しやすくなるのです。１株あたりの価値が高まることで株主への還元対策になるのです。

自社株買いを行う会社は「株主のことを考えている」と見られて、人気が出ます。

22

お金を減らす人は最安値で買い、最高値で売ろうとする

お金を増やす人は底値圏で買い、高値圏で売ることができる

株の理想的な買い方は、最安値（大底）で買い、最高値（天井）で売ることです。しかし、最安値、最高値がいくらだったのかは、後になってわかること。プロの相場師であったとしても、リアルタイムで大底や天井を見抜くことはできません。

「ここが大底かな？」と思って買ってみたものの、さらに株価が下がってしまった。

「ここが天井かな？」と思って売ってみたものの、さらに株価が上がってしまった、

ということはよくあるのです。

大底かと思って買った株がさらに下がったとき「ああ、もう少し待てばよかった」

と後悔します。

そこで、お金を減らす人は、「もっと待ってみよう」と思い、売買のタイミングを外してしまいます。

そもそも、**大底とは投資家みんなが総投げの状態**です。もうダメだと思っている人が９割以上いるということです。そんなときに、その株を買うというのはかなり勇気のいることです。なかなかできるものではありません。

リーマンショックのときの10月28日の後場に買いに向かった人はもちろんいると思いますが、大半の人は無理です。多くの人は急に株価が下がってくると、もっと下がると思い大底で買おうとします。

どうでしょうか？　あなたは、リーマンショック直後に株の取引をしていたら、株を購入できたでしょうか？

おそらく、「もっと下がる」と思ったはずです。周りがそういう心理状態ですからもっと下がると誰もが思います。ですから、大底で買おうとする人は結局大底で買えないのです。

お金を増やす人は、いいところまで下がって来たら「もう、いいよ。買っておくよ」と思って買います。今まで1000円だった株が600円くらいになったとき、さらに500円になるかもしれないけれど、買うのです。それでたまたまもうちょっと下がったら、「じゃあ、もう少し買い足そうか」と考えます。

精神的にある程度自分が容認できる値段で買っておきましょう。結果的に反転すれば、結局500円も600円も変わりません。また800円、900円に戻れば、結局買って良かったと思います。

「頭と尻尾はくれてやれ」という格言があるぐらいです。

質問 Q

商品力は何を見ればわかりますか？

答え A

高い商品力を持った会社は中長期的に伸びます。場合によっては2倍3倍と株価が値上がりするかもしれません。

では、商品力のポイントは何でしょうか？

それは、その商品やサービスが「他にマネのできないような魅力がある」かどうかです。たとえば、ジェイアイエヌという会社があります。メガネ店チェーン「JINS」を運営する会社です。画期的な低価格と従来にない軽さやデザイン性などで人気が高まりました。

さらに、パソコンやテレビから目を守るＰＣメガネを発売して大ブレイクした会社です。２０１１年から13年までの2年間で売り上げは6倍、株価も5倍になりました。これは、まさに商品力によって中長期的に伸びた好例だといえます。

お金を減らす人は有名企業が絶対安心だと考える

お金を増やす人は有名でなくとも優良企業に投資すべきと考えられる

多くの人は名前の通った大企業は安心だと思っています。子どもが有名な大企業に就職したとなれば鼻高々です。起業したばかりの友人が有名な大企業と取引がはじまったといえば「すごいなあ」と感心します。

有名な大企業というのは、それだけで人々に安心感をもたらすようです。

しかし、株式投資の世界では、大企業＝優良企業だとは考えません。

お客を増やす人が優良企業だと考える条件は次の５つです。

❶ 借入金が少なく財務体質がいい
❷ 毎期増収増益であり、配当金も増配している
❸ 営業キャッシュフローが黒字でキャッシュリッチである
❹ 他社にはない技術力がある
❺ 圧倒的シェアを持っている

しかし、お金を減らす人は、大企業なら安心して長期投資できると思ってしまいます。

株は売らなければ損しないのだという発想を持っているのです。売らなければ損は発生しません。含み損はあっても、ずっとその株を持っていて塩漬けしておけばいいのですから。

200万円で買った株が50万円に下がったとしても、倒産することがなければ、株価は戻る可能性があります。だから、それまで待てばいいのだと考えてしまうのです。

日本経済が成長期だった70年代や80年代だったら、電機株が上がれば日立も東芝もみんな同じように上がりました。誰もが安心して大企業に投資しました。しかし、現

代は日本のGDPが伸びなくなって低成長の時代です。そうなると、日立は伸ばしたけど東芝が良くなかった、ということが起こります。東芝の場合はコンプライアンス問題が発生して売り上げも激減しました。

低成長時代では、みんなで成長することはできません。どこかで勝ち組と負け組が出来てしまいます。ですから、有名な大企業だから大丈夫という図式は成り立たないのです。東電でもそうですし、シャープだって、東芝だって、三菱自動車だって、日産だって、下手したら潰れたわけです。

日本航空は倒産（一時上場廃止）し、その後再上場となりました。

東京電力の株価は、以前は3000円台を推移していたのですが、大震災で福島第一原発の事故があり、株価は一気に120円まで下がりました。6年かけてやっと500円くらいになりました。「大企業だから安心だ」といって3000円で東電の株を買った人はどうなるのでしょうか？

お金を増やす人は「大企業だから大丈夫」という考えはしません。**あくまでも優良企業かどうかを判断材料にします。**

質問
Q

株価に影響を与える「経済指標」って何ですか？

答え
A

景気動向を示す経済指標を政府は定期的に発表します。投資家たちは、この数値を判断材料にして動きます。

重要な経済指標は次のものです。

「日銀短観」「完全失業率」「機械受注統計」「鉱工業生産指数」

これらの経済指標は、市場関係者らがどれくらいの予想を立てていたかが重要になります。発表された数値がほぼ予想通りであれば、株価はあまり反応しません。ところが大きくズレていれば、株価は大きく動きます。

お金を減らす人は安易にナンピンする

お金を増やす人は一旦仕切り直せる

保有している株の株価が下がったとき、さらに買い増しをして平均取得価格を下げることを「ナンピン」といいます。漢字にすると「難平」となります。買値を平たくするのは難しいということです。

１０００円の株を１００株持っていたとします。その株が８００円に下がったときにさらに１００株購入しました。株数は２００株に増えます。そして、平均取得価格は９００円に下がります。これがナンピン買いです。取得単価が下がるわけですから、一見素晴らしいことのように見えますが、安易にナンピンするのは危険なことなのです。さらに下がってしまう可能性があるからです。株価がさらに下がってしまったら、損失は大きくふくらんでしまいます。

お金を増やす人は、大底ではなく底値圏で買うと、先にも述べました。あのとき、お金を増やす人は、株価が下がったら株を買い足すといいました。それは、底値が近いと見越して買い足すわけです。

株価が下がっている理由も考えずにナンピンするのは、お金を減らす人たちです。お金を増やす人は、その理由をちゃんと考えます。

優良な会社が目先の理由で株価を下げることがあります。そこが絶好な買い場です。売り上げが伸びているのに先行投資で利益が落ちて、その結果、短期の嫌気があって株価が下がった場合です。これは喜んで買っていいでしょう。

結局、ナンピンというのは自分の都合なのです。自分が1000円で買った株が500円で買えば買いコストが下がるという、ただそれだけの理由で買うのは危険なのです。

「下手なナンピン、スカンピン」という格言があります。

株価が下がっているからといって、ちゃんと下がっている理由を見定めずに買ってしまうのは危険です。

また元に戻るだけの根拠があるならそれはいいでしょう。でもそれは買いコストを下げるためではなく、あくまで自分がいいと思って買うべきです。

お金を増やす人は、理由も考えずに下がった株を買い足したりしません。そのときは、仕切り直します。

質問
Q

「PBR」って何ですか?

答え
A

「PER」は会社の利益からみて、その株は割安かどうかを判断する数値でした。それに対して「PBR（株価純資産倍率）」は、会社の純資産からみて割安かどうかを判断する数値です。

PBR＝株価÷1株あたりの純資産

一般に景気が上向いているときには「PER」が重視され、景気が悪く経済が停滞しているときは「ＰＢＲ」が重視されます。景気が悪いときは、会社は利益が出せないので、「ＰＥＲ」を参考にしづらいのです。

「ＰＥＲ」は、低ければ低いほど割安という意味でした。

「ＰＢＲ」は、１倍未満であれば底値圏にあるとみることができます。

25

お金を減らす人はスクリーニングに頼って株を買う

お金を増やす人は業績予想やチャートも組み合わせて買うタイミングを見計れる

証券会社のホームページにはスクリーニング機能があります。条件を打ち込めば、銘柄を検索して一覧にしてくれます。たとえば、「ＰＥＲ」が15倍以下の会社というスクリーニングで検索すると、ズラリとその銘柄が出てくるわけです。

「配当利回りのランキング」というのもあります。配当が高ければそれだけ得るキャッシュも大きくなります。配当金を株価で割って出された数字に１００を掛ければ配当利回りが出ます。

例えば年間配当50円の企業を１０００円で１０００株持っていたとします。

50円×1000株＝50,000円 1000円×1000株＝1,000,000円

50,000円÷1,000,000円×100＝%

となります。

配当利回りが高ければそれだけ投資金額に対しもらえる現金が多いことを意味しますので、「配当利回りランキング」なども人気です。

また安い時に株を仕込みたい人は、ここ1年ほどの高値からの値下がり銘柄を探す「年初来高値からの下落率ランキング」や直近で大きく下落した銘柄を探す25日移動平均線乖離率ランキング」などで大きく下落した銘柄を探すことができます。

このように、いろんな条件でスクリーニングすることができます。意外な会社を見つけることができたりするので、これは便利なツールです。

しかし、安易にスクリーニング株を買ってしまうのは危険です。お金を減らす人は、スクリーニングして上位の会社の株を買うというわかりやすい行動を取ってしまうことがあります。

もしかしたら、一時的な利益が出て低ＰＥＲになっている会社もあるかもしれません。スクリーニングしたときだけ異常値を出している会社もあるかもしれません。

お金を増やす人は、スクリーニングしたあと、業績予想やチャート分析なども組み合わせて調べたうえで購入します。

まずは複数の条件を組み合わせてスクリーニングします。たとえば「ＰＥＲ15倍以下」「ＰＢＲ1倍以下」「配当利回り2％以上」「時価総額ランキング」「業績予想変化率」などです。検索するときに、条件を多くすると銘柄数は少なくなります。

そうやって、いくつかの銘柄を抽出します。さらに、チャート分析し日々の株価の変動を見て、買うタイミングをはかるのです。

いまさら聞けない
株のこと!

質問 Q

「ROE」って何ですか？

答え A

「ROE（株主資本利益率）」は、どれだけ効率のいい経営ができているかという指標になります。

ROE＝当期純利益÷株主資本（×100＝%）

ROEが高いということは、その会社が株主から集めたお金を効率よく使い、上手な経営をしていることを示しています。

26

お金を減らす人は売値より高値は買わない

お金を増やす人はいい銘柄と判断すれば売値より高値でも平気で買える

自分が売ったあと株価が上昇すると悔しいものです。「ああ、もう少し持っておけばよかった」と後悔します。「売るタイミングを間違ってしまった」と自分を責めるかもしれません。

そのせいか、お金を減らす人は自分が売った値段よりも株価が上がったときは、決してその株を買おうとしません。これは、お金を減らす人の心理的な問題です。

たとえば、1000円で売った株が1100円になってしまいました。売った値段より高いから買いたくないとお金を減らす人は思います。しかし、市場は2000円まで株価が上がる流れかもしれません。本当にそういうケースはよくあります。

お金を減らす人は、こんなときも自分の売値より高値の株は絶対に買いません。悔しくて買いたくないのでしょう。その気持ちはわかります。

しかし、**自分中心ではなくて市場中心**に考えることです。

市場がその会社を評価し、株価がさらに上がるのであれば買い直せばいいのです。100万で売っても150万まで上がると思ったら別に110万で買い直せばいいのです。

お金を増やす人は、いいと思えば売値よりも高くなったとしてもその株を買います。

いまさら聞けない

株のこと!

質問

Q

「PER」「PBR」「ROE」の目安を教えてください

答え

A

あくまでも目安です。

スクリーニングの条件として次の数値を入れてみるといいでしょう。

❶「PER」は、15倍以下

❷「PBR」は、1倍以下

❸「ROE」は、15%以上

27

お金を減らす人は自分の性格に合わない方法を取る

お金を増やす人は自分の性格に合ったルールを作り出せる

性格と株は密接な関係があります。短気な性格でいつもイライラして怒ってしまうような人は、そもそも株式投資をやるべきではありません。人に当たる人、人のせいにする人、自己責任で投資できない人もやめておいたほうがいいでしょう。

たとえば、雑誌やテレビで有名な証券アナリストに文句をいうような人です。「あの人がいったから買ったのに下がったじゃないか」と熱くなっていると、冷静な判断ができなくなってしまいます。

お金を減らす人の性格はだいたい次のようなものです。

❶ 激情タイプ
熱くなりすぎて、冷静な判断ができない人
❷ 強欲タイプ
より多くの利益を目指して際限がない人
❸ 責任転嫁タイプ
人のせいにしたり環境のせいにしたりする人
❹ 鵜呑みタイプ
自分の頭で考えようとせずマスコミやインターネットの情報を鵜呑みにする人
❺ 後悔するタイプ
クヨクヨ過去にとらわれすぎていて次の行動になかなか移せない人

お金を減らす人はこうした自分の性格を考えていません。一般的には短気な人が中長期で株式投資をやろうと思ってもうまくいかないものです。

一度、静かに自分と向き合ってみるといいでしょう。そして、自分の性格はどんなタイプなのか、どう直せばいいのかを考えてみてください。

お金を増やす人は自分の性格にあった投資スタイルを持っています。感情を冷静にコントロールできるタイプの人が多いようです。

私自身が、冷静になるためにやっている習慣をここでご紹介しましょう。

❶あらかじめ目標株価を定めておく。この場合、達成したら確実に売り、その後再度買いと思えばまた新たな目標株価を設定する

❷あらかじめ逆指値（下がったときの株価）などを利用して損失を拡大させないために売る株価の目標を作っておく

❸投資は自己責任を自分に言い聞かせておく

❹損切りという言葉を使わないで、単なる売却と思う

こうしたことを習慣付けるだけでも全く変わってくるのではないでしょうか。

質問
Q

どの株も１株単位で買えるのですか？

答え
A

買える単位は銘柄によって違います。

会社の基本情報のなかに「単元株数（最低売買単位）」や「売買単位」と表示されています。

「売買単位」が１株と書いてあれば１株から注文できます。１００株、１０００株とあれば、１００株か１０００株単位でなければ売買することができません。

第4章

投資でお金を減らす人、増やす人の情報収集術

28

お金を減らす人は匿名情報をうのみにする

お金を増やす人は信頼できる情報がわかっている

株式投資をしている人たちが集まる掲示板があります。インターネットにはいくつか有名な掲示板があります。なかでも、かなりの数のコメントがあるのがヤフー・ファイナンスの掲示板です。

1つの銘柄に対して1つの掲示板があります。

株価は何かしらの理由があって、上がったり下がったりするものです。その株価の変動の理由を解説してくれる人がたまにいます。掲示板を見ていると「なるほどなぁ」と感心する意見や誰も知らないような情報を披露する人もいます。それで、初心者たちは、ついつい掲示板にのめり込んでしまいます。

お金を減らす人はこうした情報を鵜呑みにして、右往左往するのです。自分の買った株が下がったり上がったりするときに、ほかの人がどう思うかを知るためについ見るケースが多いようです。

しかし、掲示板の情報というのは匿名です。誰が言っているのかわかりませんし、本当に正しいかどうかもわかりません。基本的にそういう掲示板はデマが多すぎるから一切見ないという人もいます。

お金を増やす人は、信頼できる情報しか集めません。有料情報もありますが、無料でもかなりいいものがいくつかあります。

1つ目は先にも紹介しましたが、**「株探」**というサイトです。これは決算短信とか上方修正とか、そういうリアルな速報も出してくれます。無料の割には有益な情報が、リアルタイムでアップされています。会員登録すればメールでリアルタイムなニュースを受け取ることができます。

2つ目は**「四季報オンライン」**です。

月1万円払えばリアルで四季報の新しい情報も見られます。無料版でも、いろんなトピックスやランキングなどを紹介してくれます。

3つ目は**「トレーダーズ・ウェブ」**です。

上場しているトレーダーズという会社が出している情報サイトで、これも月1万円の有料会員になるとアナリスト情報が手に入ります。有名なアナリストが「なぜこれを買いにしたのか」ということが簡略して解説してあるので非常に役に立ちます。

質問 Q

情報収集に使えるサイトを教えてください

答え A

私がオススメしているのは次のサイトです。

❶ 株探　https://kabutan.jp/
❷ 四季報オンライン　https://shikiho.jp/
❸ トレーダーズ・ウェブ　http://www.traders.co.jp/

29

お金を減らす人は一般紙だけに目を通す

お金を増やす人は日経新聞を読み込む

株式投資では情報収集が勝敗を分けます。情報収集を怠ると大きな損失をこうむることになります。知っている者が勝ち、知らない者が負けるのです。

情報はインターネットでかなりのものが集められますが、新聞も忘れてはいけません。

お金を減らす人は、一般紙しか取っていませんが、お金を増やす人はやはり日経新聞を読んでいます。日本経済新聞（通称日経、以下日経）は経済新聞と名乗るくらいですから経済のことが中心に掲載されています。

日経には日本の経済だけでなく、欧米、アジアなど世界の経済、政治情報も詳細に掲載されています。

また、それぞれの業界の情報や個別企業の情報なども掲載されています。

そして、株式投資に最も重要な決算情報。個別企業が正式に発表した決算情報だけでなく、日経の見込み決算情報を掲載しています。

朝日新聞の株式欄と日経の株式欄では絶対的な情報量が違います。

日経であれば平均株価だけでなく、年初来高値《ねんしょらいたかね》（年初から現在の期間での最高値）の銘柄がいくつあるか、東証一部、二部、マザーズ、ジャスダック、そういった市場で今どれだけの銘柄が上がり、下がっているか、株価でも年初来安値、年初来高値がそれぞれ網掛けしてあったりします。もちろん、日々の始値から高値、安値、終値まで出ています。一般紙ではそこまで出ていません。

さらに、日経は外国人投資家の動きがわかります。日本の株式市場の6割は海外投資家の売買です。上値も平気で買い、マザーズやジャスダックなど、小型株をさほど買わないのが外国人投資家です。

そうした動きが日経新聞の株価欄を見るだけでもわかります。結果的に今の相場の流れや、何に資金が入っているのかがわかるのです。これは一般紙ではありませんがわかりません。

また日経新聞には商品欄があり、原油価格の推移や鉱物の値動きなどもわかります。

たとえば、原油価格が上がれば、三菱商事や三井物産は原油の権益を持っているため、株価が上がるかもしれません。銅の値段が上がれば、住友金属鉱山の株価が上がるかもしれません。ニッケル価格が上がれば、ステンレスの会社、日本冶金工業というステンレスの専業会社の株価が上がるかもしれません（過去には倍になったこともあります）。

日経新聞に目を通すことで、こうした動きが見えてきます。毎日眺めるだけでも感性が磨かれます。

もちろん日経新聞だけで網羅はできませんが、まずは、日経新聞からはじめましょう。

質問
Q

株式ニュースに重要な曜日がありますか?

答え
A

火曜日から土曜日までのニュースです。

これは前日の土日が休みだからです。日曜日・月曜日のニュースはまた別な見方をする必要があります。総論や特集記事が掲載されることが多いので、経済を大きな視点で観ることに役立ちます。

あと、投資の世界での有名人のコメントがニュースに出ることがあります。これはポジショントークのケースがありますので注意してください。

ポジショントークとは、「自分はこの株を買うよ」とか「自分はこのニュースをこう分析するよ」といった、自分のポジションを話すことです。それを鵜呑みにしてみんなが買ったところを売り抜けてしまうというケースがあるのです。いずれにしても情報は鵜呑みにせず、理由を考える癖をつけましょう。

30

お金を減らす人は日経新聞の企業名入り記事ばかりに注目する

お金を増やす人は政治経済の流れから企業への影響度を分析できる

お金を減らす人は企業の研究しかしません。

たしかに、企業のことを知らなければなりません。業績が良いのか悪いのか、新商品はどんなものなのか、今後はどのような展開をしようとしているのか、情報を集める必要があるでしょう。しかし、それだけでは足りません。

お金を増やす人は、その企業が属する業界のことや政府が打ち出す政策、世界情勢といった情報も収集します。世の中全体のニュースを見て世界の今後の流れを想像し、そうした情報から具体的な企業がどのような影響を受けるのかを分析するのです。

私は、日経新聞だけでもしっかり読むようにしています。

投資のプロというとすべての新聞を細かくチェックしていると思う方は多いのですが。**1つに絞って、少なくとも1時間以上かけて読んでいます。**そのうえで、「株探」や「四季報オンライン」「トレーダーズ・ウェブ」といったインターネットサイトから情報を取っているのです。

ここで銘柄選びの3つのステップをご紹介しましょう。

ステップ①日経をじっくり読む

まずはじっくりと時間をかけて読みましょう。そのとき私は自分に次の3つの質問をなげかけながら読んでいます。

❶ これから伸びる産業は何か？

❷ 個別の業界はいまどんな状況なのか？

❸ 新技術やサービスなど画期的なイノベーションはないか？

こんな質問を自分に投げかけながら新聞を読んでいると、ピンとくる記事が見えてきます。

たとえば、東京で電気自動車の催し物をやっているという記事を見たとします。電気自動車のメリットはガソリンを使用せず省エネであるという点、排気ガスが出ないため空気を汚さないという点です。すると、「環境汚染が問題になっている中国では、今後電気自動車が特に伸びるかもしれないな」と考えることができます。

ステップ②業界のことを調べる

電気自動車の記事を読んで、ピンときたらその業界のことを調べてみましょう。自動車業界のなかで電気自動車というのはどのようにとらえられているのでしょうか？好奇心を働かせて情報を集めます。

ダイムラーやベンツが電気自動車の比率をもっと増やすと発表しています。テスラモーターというアメリカの会社がユニークなことをやっていて、リチウムイオン乾電池をいっぱい敷き詰めて車を走らせるということをやっています。そんな情報が手に入ったりします。

ステップ③具体的な銘柄をピックアップする

いくつかの会社を思い描いてみましょう。3社か4社ほど、気になる会社が浮かんできたら、その会社のことを個別に調べていけばいいわけです。

こういったことを、すべての業種でやっていると膨大な時間がかかりますので、自分の得意な分野を持つといいかもしれません。

いまさら聞けない
株のこと!

質問
Q

銘柄の選び方にはどんなものがありますか?

答え
A

私が銘柄を選ぶときは次の6つのことをチェックします。

❶ 業績の上方修正した企業（短期でも可）
❷ 高い競争力を持つ企業
❸ ブランド力が高い企業
❹ 世界で商売できる企業
❺ リピート注文を受けやすい企業

❻ＩＲ（企業が投資家へ向けて行う広報活動）がしっかりできている企業

たとえば、ＩＲ部署の対応が悪かったり、ＩＲの担当者が知識不足だったり、自分の会社を語れなかったりするとその会社は人気が落ちてきます。

証券アナリストたちは企業のＩＲに直接聞きに行っています。なかには影響力のある証券アナリストもいます。

アナリストとは分析家とか評論家という意味です。証券アナリストというのは、証券の高度な専門知識を持っていて証券に関する分析・評論をする人たちのことです。なかにはテレビに出演するほどの有名人もいて、証券アナリストの発言を聞いて投資判断する投資家たちもいます。

こうした証券アナリストたちが、企業のＩＲから情報を聞き出し公開していたりします。ちなみに、一般人でもＩＲ宛に電話をすれば対応してくれます。その対応を聞いて自分で判断するのもいいでしょう。

31

お金を減らす人は日常の「微妙な変化」に疎い

お金を増やす人は日常の変化から社会の動きを手繰り寄せられる

株式投資は、ある意味「連想ゲーム」のようなところがあります。世の中の産業はすべてつながっていますので、ちょっとした変化がドミノ倒しのように次々と連鎖していきます。

「アメリカがくしゃみをしたら、日本が風邪をひく」といわれるように、世界経済も1つの出来事で次々と影響し合っていくのです。

A社の商品が爆発的に売れているというニュースが流れると、そのA社に部品を提供しているB社の株価も上昇します。そのように連鎖していきます。

ですから、**お金を増やす人は日常のちょっとした情報に敏感に反応し、その先のことを連想します。**逆に、お金を減らす人は、日常のちょっとした情報に鈍感になっています。

日常のなかに株式投資のヒントが隠れていたりしますので、アンテナを立てて敏感になりましょう。

たとえば、スマホゲームのＣＭが突然増えてきたとします。普段なら何気なくテレビを見ていたかもしれませんが、ふとゲーム会社の情報を検索してみるとガンホーやミクシィなどの株価が大きく上昇していたりします。

街のコンビニで機能性食品のヨーグルトがやたらと品ぞろえが増えていたりします。業界の情報を集めてみると、明治のＲ１というヨーグルトがダントツで売れていることが見えてきたりします。明治ホールディングスの株価を見てみると急上昇していたりするのです。

異なる世代の人たちの声にも耳を傾けてみましょう。子どもたちが熱狂するポケモンが家の外で楽しめるアプリが発表されたとき、世界中で話題になりました。すると、たちまち任天堂の株が注目されるようになりました。

ネットで洋服を買っている女性たちに人気のサイトはどこなのか、高齢者が買い物に行くお店はどこなのか、日常の生活のなかから得た情報に大きなチャンスが潜んでいます。

なぜならば、新聞やネットに流れてくるニュースはすでにみんなが知っている情報です。そうなるとみんなと同じ行動を取ることになり、一歩、遅れを取ってしまいます。

しかし、日常から得た情報は誰もが知っていますが、そこから連想して見つけた銘柄は、まだ誰も気づいていない可能性があります。

そこをいち早く連想して行動に移せるのがお金を増やす人なのです。

質問
Q

季節で変動する株はありますか?

答え
A

最近ではあまり大きな変動はないようですが、たしかに季節によって影響される銘柄はあります。

たとえば、冬に「何十年ぶりかの大寒波がやってくる」というニュースが流れると、コートを販売しているネットの衣料品会社やユニクロなどの株価が上がります。

夏になるとエアコン消費が伸びるので、電力会社の株価が上がります。昔はビール会社の株も夏になると上がっていました。

お金を減らす人はいつまでも投資スタンスを変えられない

お金を増やす人は新しい方法を早期に取り入れる

株式投資の基本は安いときに買って高いときに売るという方法です。多くの個人投資家はこれを繰り返します。もちろん、これが基本ですから、それでいいのですが、いつもそのやり方で儲かるとは限りません。

たとえば、上昇トレンドが長く続いた場合はいかがでしょうか？　従来のやり方に固執した人は、下がるのを待つしかありません。何ヶ月も指をくわえて待っているのです。何もできずに待ち続けている時間がもったいないと思いませんか？

下降トレンドが長く続いた場合も同じです。いつまでも下落していきます。いつ底を打つかわかりません。そんなときも、ずっと指をくわえて待つのでしょうか？

たとえば、1日で1000円下がり、すぐに1000円上がることがあります。多くの人は1000円下がった翌日に1000円上がったのを見ると怖くて買えません。これならまた下がるに決まっていると思うのです。

一方で、「これは流れが変わったぞ」と新しい局面に気づく人もいます。「これはとんでもない相場がはじまったぞ」と変化をとらえて儲ける人です。

変化をとらえるのか、それとも変化についていけずにただ眺めているだけなのか？株式投資で儲けるか損をするかの分かれ道がそこにあると思います。インドの詩人タゴールに「海を見ているだけでは、海は渡れない」という言葉があります。ただ指をくわえて眺めているだけでは、儲けることも成長することもできないのです。

お金を減らす人は、それでも従来のやりかたにしがみついて、指をくわえるのです。

外国人投資家は高値でもまだ上がると思えばどんどん買い注文します。下落の局面では、積極的に信用取引で空売りを仕掛けてきます。取引の方法はいくらでもあるのです。

お金を増やす人は、いままでやったことのない方法に挑戦しています。やったことのないことに果敢に挑戦するから、できるようになるわけです。もちろん、失敗することもあるでしょう。

しかし、失敗するから学びがあるのです。勇気を持って挑戦するから成長するのです。

質問 Q

「株は5月に売り逃げろ!」というのはなぜですか?

答え A

「Sell in May and go away!」直訳すると「5月に株を売れ、そして逃げろ」です。これはウォール街の格言です。アメリカの株式市場は4~5月にかけて上昇し、5月下旬~6月にかけて下落する傾向があるからです。前年度に納めた税金の還付金が春先に返ってくるので、それが市場に流れ込み4~5月に株価が上昇します。

逆に、12月決算を採用した多くのヘッジファンドや金融機関が、中間期末の1~2ヶ月ほど前から、決算対策のために利益確定の売りを出し、顧客の解約にそなえて保有株を売却するので、5月中旬~6月にかけて株価は下落する傾向があるのです。

33

お金を減らす人は「釣られ購入」してしまう

お金を増やす人は「値上がり銘柄」を見つけても冷静でいられる

急に値上がりする銘柄があります。２日間ストップ高になったりすると誰もが勢いを感じます。値上がりのピッチが早い銘柄であればあるほど、それにつられて購入する人が出てくるのです。

この**つられて購入するというのが危険なのです。そこに自分の意志がないからです。**ついそんな買い方をしてしまいます。

たとえば、チェックしていた銘柄が急に上昇したとします。

見守っていたのですが、買い注文するのが遅れてしまい、出遅れてしまいました。いろいろ調べてみるとまだ上昇する気配がします。そんなときお金を増やす人はどうするでしょうか？

まず、まったく買わないというのは感覚が鈍ってしまいますので、そういうことはしません。とりあえず**最低限でいいから買っておきます。**そうすれば、下がってしまったときに、冷静でいられます。

株価が上がっているときというのは、もっと上がるのではないかという気持ちしかありません。しかし、買うと株価の上昇が止まるということがあります。まるで、自分の行動を神様が見ているように感じることが結構あります。

もしも、さらに上昇したら、最低限で買った分だけ利益は取れます。下がったとしても、冷静に買い足すのか、損切りして仕切り直すのか冷静に判断できます。ですから、**出遅れたとき焦って買うのではなく、少額だけ買っておきます。**そうするとそのあとの動きを冷静に見極めることができるのです。

冷静になれば、自分のペースを保つことができます。

たとえば、私が取引した銘柄で株価が3倍以上になった会社があります。それは、やはり、業績の大幅上方修正という好材料でした。そのときは当然日経新聞などにも業績が出てきますし、インターネットのサイトでも情報が流れます。そうすると当然買いが殺到して上昇しました。

出遅れたなと思った多くの人はそこであきらめてしまいます。これ以上上がらないだろうと思うのです。

しかし、私は、まだまだ伸びそうだと判断して、お客さまにも勧めました。最初3割ぐらいは上がって、しばらくもみ合っていたのですが、結局一番高く売ったお客さんが2・5倍ぐらいになりました。最終的には4倍ぐらいになったのです。

質問
Q

「NISA」って何ですか？

答え
A

「NISA」は、少額投資非課税制度のことで、株式や投資信託の売却益・配当が、一定額非課税になる制度です。

もしNISAを使わなければ、利益に対して**約20%の税金**がかかってしまいます。

1年間の投資額は120万円が上限となっています。

NISAを利用するには、金融機関でNISA口座を開設しなければなりません。取引のある金融機関から必要書類を取り寄せて、必要事項を書き込み、住民票の写しを同封して返送すればOKです。

第5章

投資でお金を減らす人、増やす人の投資心理

34

お金を減らす人は「損切」と考える

お金を増やす人は「資金ができた」と考える
（損失回避バイアス）

この章では、行動ファイナンス（行動経済学）の視点から、投資をするうえでの意思決定に影響を及ぼす心理を解説します。

行動ファイナンスとは、**人間がどのように選択し行動するかを究明する経済学の1つの分野**です。お金を増やす人の心理とはどのようなものでしょうか？　そのメカニズムを知り、安定的にお金を増やせる人になりましょう。

あなたが買った株が急に値下がりした場合を想像してみてください。ここで取るべき正しい行動は、「一刻も早く損切りする」ことです。しかし、お金を減らしてしまう人はどうしても損を出すことに強い拒否感を持ってしまいます。

これを**「行動ファイナンスによる損失回避バイアス」**といいます。「何かを得る喜びよりも失うことに対する心理的な拒否感が強い」ということです。

確かに、誰でも「損したくない（損切りしたくない）」と思うものです。ですが、お金を増やす人は、「損切り」の行為を「損すること」とは考えません。あくまでも、「マイナスを最小に留め、次の投資のための資金をつくる行為」と考えるのです。

このちょっとした心理の違いで、行動は大きく違ってきます。

たとえば、１００万の株が90万円になると、お金を減らす人は、10万円の損をしたと考えます。しかし、お金を増やす人は、90万円の資金で次に何を買おうかと気持ちを切り替えることができるのです。終わったことにクヨクヨしませんし、後悔もしません。

お金を増やす人の心理というのは、結局プラス思考なのです。

質問
Q

どんな会社の株価が伸びますか？

答え
A

将来性も大事ですが、実際の利益が出ることも重要です。

中国などの大気汚染問題やディーゼル車排ガス不正問題などもあり、電気自動車の需要が急拡大しています。

ダブル・スコープ（６６１９）という会社があります。

この会社は電気自動車のリチウムイオン電池セパレータを作る専業メーカーです。

セパレータとは、リチウムイオン電池の重要な部品で、ダブルスコープには大きな

受注が舞い込むことになりました。

この会社の株価は2015年の6月ごろには500円くらいでした。それが、9月に業績の上方修正をしたのです。すると、そこからどんどん上昇していき、2016年の5月には3600円になりました。1年で7倍になったことになります。

お金を減らす人は費用にとらわれて撤退を拒む

お金を増やす人は費用にとらわれず見切りをつける（サンクコストの呪縛）

いったんはじめてしまったことは、途中で失敗だとわかってもなかなかやめられないものです。自分の行動が間違っていた、愚かな選択をしたと思いたくないという心理が働くからです。

政治の話ですが、以前八ツ場ダムの問題がありました。数十億円もの税金がつぎ込まれ建設されていたのですが、建設途中で民主党が政権を取って中止になりました。本来、一度建設がスタートしてしまうといくら地域住民が反対しても、なかなか中止にはなりません。

なぜなら、「既に投入している資金がもったいないじゃないか」「建設会社への補償の問題をしろ」といった声があがるからです。

ここでいう、「既に投入している資金」のことを**「サンクコスト」**といいます。

お金を減らす人は、このサンクコストの呪縛にはまり現状維持を続けてしまうのです。これは、最も価値ある「時間」を、無駄に使うリスクの高い行動です。

銘柄を決めるときはかなりの時間を費やします。お金を使って有料情報を集めたかもしれません。そうやって買った株が下がってしまった場合、お金を減らす人はついつい銘柄選択に費やした時間や費用のことを考えてしまうのです。

そうやって売ることを躊躇します。時間がズルズルと過ぎ、いつまでも仕切り直しができません。その時間に新たな取引をすれば挽回できるかもしれないのに、そのチャンスをみすみす逃してしまうのです。

お金を増やす人は、サンクコストなどにこだわらず、ダメだと思ったらすぐに見切りをつけてやり直すのです。

質問 Q

「ＩＰＯ株」って何ですか?

答え A

会社を新規に株式上場させることをＩＰＯといいます。

会社が上場を決定したら、上場前に証券会社を通じて株を売り出します。 この株のことを**ＩＰＯ株**といいます。

ＩＰＯ株を購入するには、そのＩＰＯ株を担当する証券会社に購入を申請します。申請した人の中から抽選で購入できる人が決まるのです。

このＩＰＯ株は、一般的に人気が高いですが「上場ゴール」と思われる株には注意が必要です。「上場ゴール」とは、上場自体を目標と設定している会社であり、すべてではありませんが、売り出し価格が高ければ満足するような会社です。業績がピーク時に上場したりするケースが多く、上場後の大幅成長は見込めません。こうした株に投資するのは見送りましょう。

また不人気な業種であったり、仕事自体が地味な会社は、初値が低かったり割れたりすることもあります。

しかし、こうした株は元々割安に公募価格が設定されたり、配当金が高く設定されたりすることもありますので、長期保有していれば上昇することもあります。

狙い目はまだ設立が浅く業績が急拡大している株です。成長性がイメージできる株もいいでしょう。

直近ですとエルテス（３９６７）という会社があります。

ＳＮＳのビッグデータ分析によりネット炎上対策を行う会社で、２０１６年11月30日に上場しました。

上場前の購入価格は1790円でした。上場してからの初値が6500円。12月1日には8810円まで上がりました。

IPO株を1790円で買った人が、上場してわずか2日後に売ってしまえば、5倍近い利益を出したことになります。

ただし、人気が初値に集中し、初値が高値になるケースもあり、IPO株投資は注意が必要です。

36

お金を減らす人は自分都合で考える

お金を増やす人は事実に基づき考える（後悔の回避）

人は誰でも後悔したくないと考えます。ですから、無意識のうちに後悔を避ける選択肢をとる傾向があるのです。

投資においては、「何もしないこと」が一番後悔の少ない選択肢です。

株を購入して損をした場合にダメージが少ないのは、他人が勧める株を購入した場合です。最も、ダメージが大きいのは自分の判断で株を買って損をしてしまった場合になります。

後悔したくないという気持ちが大きい人は、ダメージのより小さい選択肢を選びます。これを**「後悔の回避」**といいます。

上昇トレンドの場合に、一時的に株価が下がることを「押し目」と呼びます。押し目の場合、株価はまだまだ力強く上昇していますから、多少下落してもすぐに戻るものです。

一方で、「この株価の下落は押し目だ」と読み、買い注文を出したところ、そのシナリオが崩れ、一気に下降してしまったとしましょう。あなたは「こんな株を買うべきではなかった」と後悔するでしょう。このときの正しい行動は損切りです。

でも、お金を減らす人は、この後悔をしたくないがために、自分の想定したシナリオにしがみつき、何も行動を起こさないのです。「いやいや、必ず巻き返して上昇するはずだ」と自分に都合のいい期待をしてしまうのです。

一度崩れてしまった株価は100日たっても回復しないことが多いものです。落ちるのは早いですが、元の株価に戻るのには時間がかかります。

押し目

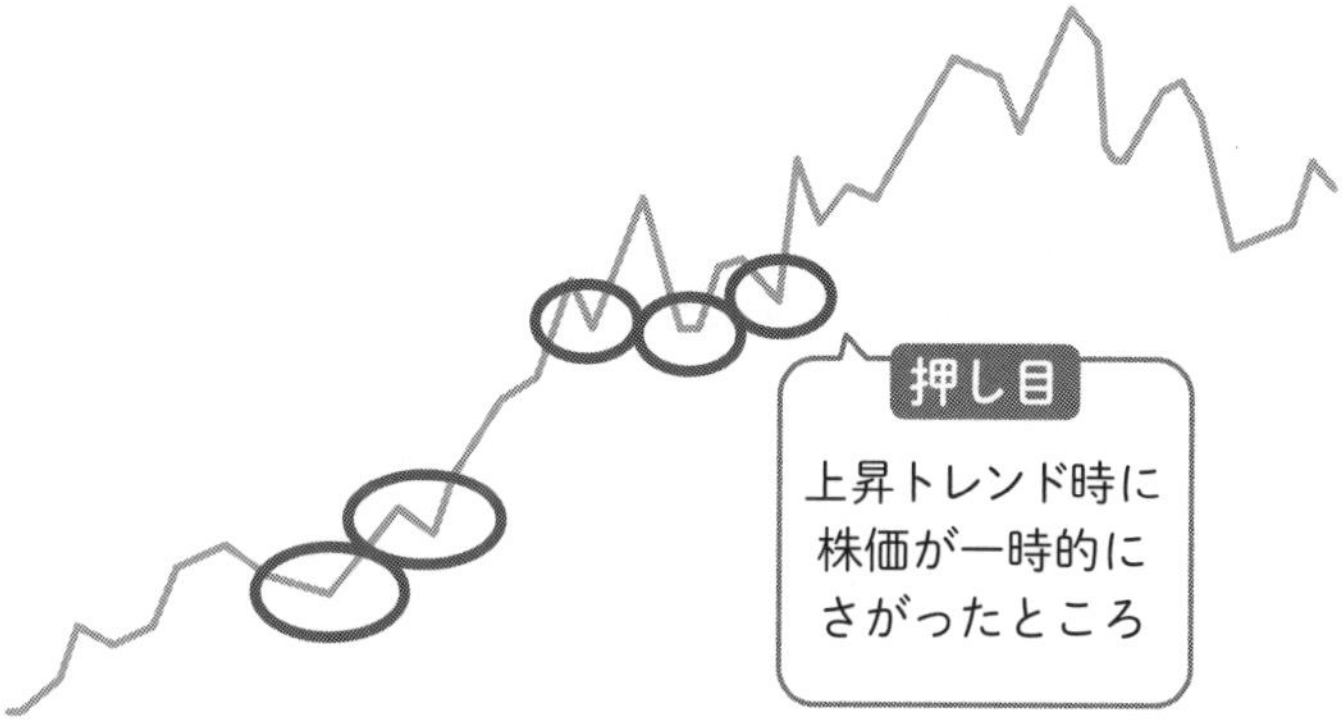
押し目
上昇トレンド時に
株価が一時的に
さがったところ

「後悔したくない」という心理が、よけいに損失を大きくしてしまうのです。

お金を増やす人は、自分の想定していたシナリオが崩れたときは、謙虚にそれを受け入れます。そして冷静に判断し、売却するわけです。

株式投資に願望や期待を持ち込んではいけません。他人に責任を押しつけるのもお門違いです。

質問 Q

商品力のある会社とはどんなところですか?

答え A

商品力というのは、他社にマネのできない技術を持っているということです。マネされるような技術しかない会社は、さほどの商品力があるとはいえません。

日本の小さな会社やベンチャー企業のなかには、世界トップレベルの特殊技術を持った会社が少なくありません。そうした特殊な技術を持った会社をチェックしておくといいと思います。

私がよくお客様にオススメしていたのは「ブイ・テクノロジー(7717)」という

ブイ・テクノロジー

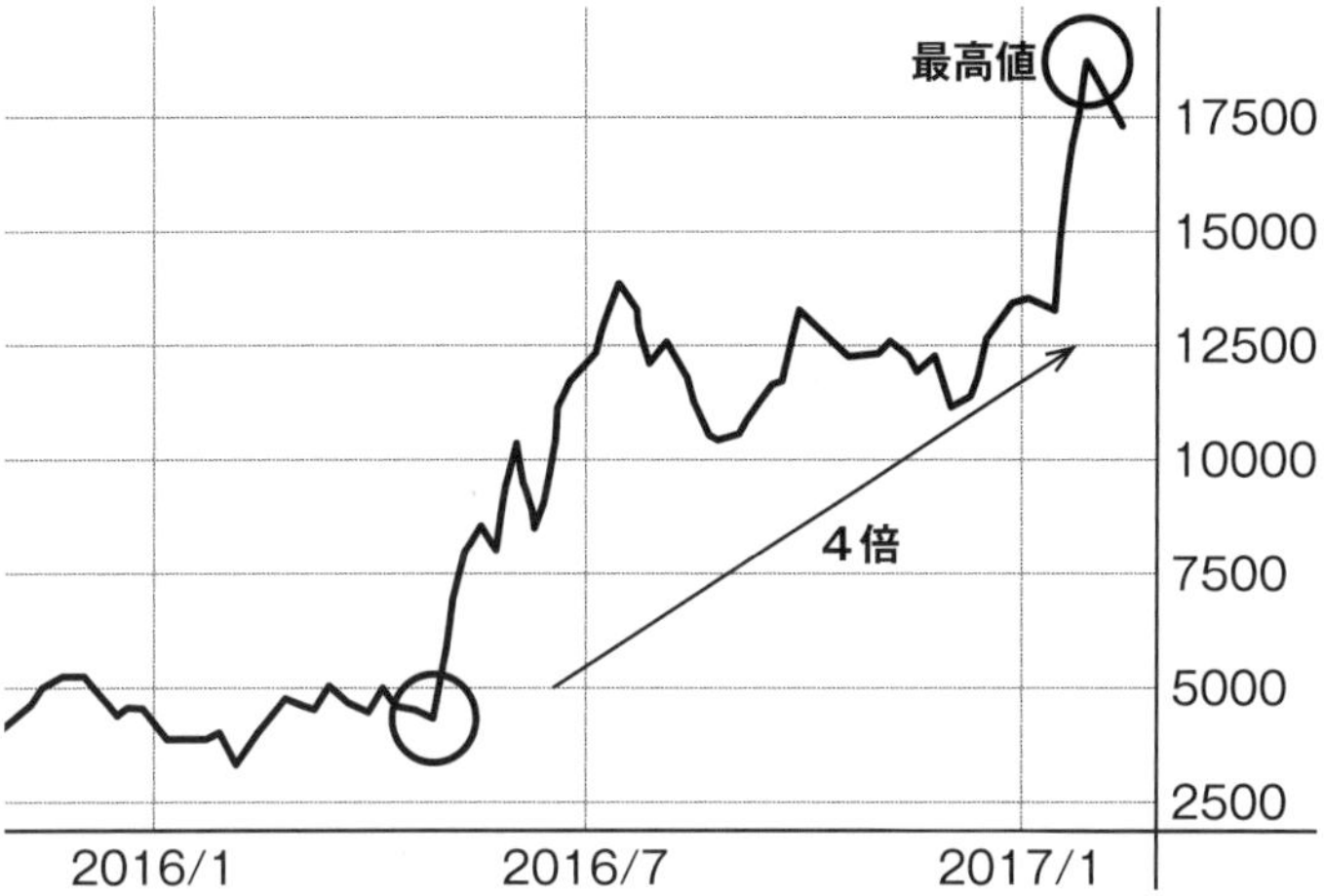

会社です。

液晶や有機ELなどの製造装置を作っている精密機械メーカーです。

2016年の5月ごろは4000円の株価でしたが、業績が上方修正され、ストップ高になりました。そして、2ヶ月後の7月には14730円という高値をつけたのです。

わずか2ヶ月で3倍以上に跳ね上がりました。さらに、9ヶ月後には18000円を超えました。

実はこういう銘柄が日本にはごろごろと眠っているのです。

お金を減らす人は自分好みの企業に投資する

お金を増やす人は儲かりそうな銘柄に投資する（認知的不協和）

人は、自分の思っていることと、現実が一致しない場合に苦痛を感じます。この不一致のことを**認知的不協和**といいます。

心理学者のフェスティンガーは**「人間には、無意識のうちに自分の都合のいい情報や楽観的な情報だけを受け取り、自分の都合の悪い情報や悲観的な情報は無視してしまう傾向がある」**と指摘しています。

株式投資でこの認知的不協和にとらわれてしまうとかなり危険です。

お金を減らす人は、好きな会社に肩入れしてしまうことがよくあります。

たとえば、郷土愛を持った広島出身の人がいたとします。彼は、どうしてもマツダや福山通運、リョービなどの広島出身の企業を応援したくなります。ユニクロの第一号店は広島ですし、創業は隣の山口県です。瀬戸内海の美化運動も行っているファーストリテイリングを親戚のように考えているかもしれません。

すると、そうした企業のいい情報ばかりが目に入り、都合の悪い情報が流れても、楽観視してしまうことも多いのです。

お金を減らす人は、好材料と悪材料を分析するときに、自分の好みを反映させてしまいます。その気持ちがあなたに少しでもあると感じたら、その株を買うのは控えましょう。

お金を増やし続ける人は、自分の好みや都合は無視し、儲かる銘柄を買うのです。

質問
Q

大企業でもまだまだ伸びそうな銘柄はありますか？

答え
A

有名な大企業は、いくら頑張っても売上がなかなか伸びません。日本国内の市場はすでに飽和状態だからです。自動車やビール、衣料品も、人口が減少している日本でこれ以上成長するとは考えにくいです。

自動車メーカーなどは、それを見越していち早く海外に拠点を築いています。日本企業でも、**これから海外に販路を拡大しようとしているところはねらい目**です。

私が以前お客様にオススメしたのは、ユニ・チャーム（8113）と花王（4452）、カルビー（2229）、キッコーマン（2801）、塩野義製薬（4507）などです。

たとえば、ユニ・チャームは以前、海外の売り上げ比率が10％でした。その頃、そう遠くないうちに30％以上にすると発表しました。そして、実際に7～8年後に実現しました。それにともなって株価も上昇したのです。

このように、海外での販売を拡大すると発表している会社はねらい目です。

もちろん、その目標値が達成できそうかどうか、分析し判断して投資しなければいけません。

38

お金を減らす人は下落しても また上昇することだけを期待する

お金を増やす人は早めに見切りをつけられる

（代表性バイアス）

ある株式銘柄を、「この銘柄は成長株だ」と思っていたとします。すると、後でその銘柄の悪い情報が入ってきたとしても、すでにバイアス（ものの見方の偏り）がかかってしまい、冷静に判断することができなくなります。

この自分の思い描いたイメージから逃れられなくなることを**「代表性バイアス」**といいます。

お金を減らしてしまう人は、このように一度信じたことを変えられません。

「いいと思って買ったのになぜ下がったんだ。市場が間違っている」といい出す人もいます。

お金を増やす人は、下落したときは早めに見切ることができます。それは、**自分の間違いを素直に認めて受け入れることができるから**です。

証券会社が「成長株トップ100」など、推奨している銘柄があります。インターネットニュースでも「割安株特集ベスト50」といった記事もあります。

こういった情報に対しては、「この会社は成長株だ」「この会社は割安銘柄だ」といって決めつけないことです。あくまでもそうしたニュースは参考程度に留めましょう。

そして、「これだ！」と思った会社を調べてみましょう。決算情報を見て、売上がどう推移しているのか、どんな事業を展開しているのか、売上予想はどうなっているのか、これらを冷静な目で見る必要があるのです。

いまさら聞けない
株のこと!

質問
Q

企業の決算発表で本当に株価は動くのでしょうか?

答え
A

過去に、決算発表でおもしろい動きをした会社があります。先にも紹介したTOKYO BASE（3415）というアパレル会社です。2015年9月に上場した会社ですが、高い成長性に注目し、実際に私がお客さまへ投資を勧めました。

しかし、私の期待に反し、上場当初はしばらく低迷していました。

最初の決算発表では、中間決算で営業利益が27%しか目標を達成しておらず、私は、「何をやっているんだ!」とお客様に怒られたこともありました。

しかし、この会社の社長をはじめとしたIR担当者と個別取材をしており、その時に「アウターに強く、秋冬の売上が7割で春夏は3割」と聞いており、お客様には「この会社を信じるのなら、買いですよ」とお伝えしていたのです。

しかし、上場したばかりで、投資家たちからの信頼は得られませんでした。

次の期の本決算の発表で、「前期決算は当初通りで確定し、今期予想は3割増益になる」というニュースが流れ、800円程度（2016年5月）だった株価がどんどん上がっていきました。

その後、複数回の上方修正を経て、10月

には2300円を超えたのです。5ヶ月で3倍近く上昇し、さらに上がって2017年の1月には、3000円を越えました。

最底値圏の400円以下で買った投資家は、7倍もの利益を出したことになります。

「株価がどう動くか」には、その会社ごとにクセがある場合があります。

決算でどのような数字が出ているのか、それが当初の予定とどのように違っているのか、企業ごとよく研究する必要があります。

お金を減らす人は「自信過剰ぎみ」で考える

お金を増やす人は「自己判断基準」に照らし合わせて考えられる（自信過剰）

投資の世界にもビギナーズラックがあります。

ネットでたまたま見つけた銘柄、雑誌に取材記事が出ていたから会社、そういった「たまたま見つけてたまたま購入した株」が上がることがあるのです。

あるいは、株価が下がってきたところで少し買い増ししたところ、その後株価が持ち直した。もしこのようなことが何回か続くと、「自分は天才なのでは」と勘違いしてしまうことがあります。これは、**「自信過剰」**の状態です。

この勘違いは、いずれ「勘違いだった」ことがわかります。根拠のない自信を持っている、それも自信過剰な場合は、状況が悪くなったときに、次の手がなかなか打てません。

私の友人にもこれで失敗した人がいます。公開前のＩＰＯ株で、数度に渡る高額の利益を得た友人は、ある会社の新規上場にあたって初値（新規上場後初めてついた株価）を買いにいきました。

「大丈夫、この会社は初値から必ず上がるから」、彼は自信過剰の状態になっていました。実際には上場して１週間後、株価は一気に下落し、大損をしてしまったのです。

お金を減らす人は、うまくいった取引が続くと、すぐに自信過剰になります。そして、間違った判断をしてしまうのです。

しかし、**お金を増やす人は、勝とうが負けようが、常に冷静に自分の判断基準にもとづいて取引をする**のです。

質問
Q

下請け会社でも株価が急騰することはありますか?

答え
A

あります。

以前、有機ＥＬについて調べていたところ、サムスンも有機ＥＬに力を入れていることがわかりました。そのサムスンに、１００億円もの価格の巨大な装置を収めている会社がありました。それがキヤノンの子会社、キヤノントッキです。

ところが、そのキヤノントッキは上場していません。そこで、注目したいのが、キヤノントッキに部品を収めている下請け業者、平田機工（６２５８）です。

平田機工を調べてみると、業績もよく、上方修正していました。２０１６年の１月に１４００円だった株価が10月には８０００円を越えたのです。

１年足らずで5倍以上になった銘柄です。

お金を減らす人は損失が出ると取り戻そうとする

お金を増やす人は損失を単なる事実と捉えられる（不合理行動）

どんな状況下でも、投資は冷静に判断しなければいけません。しかし、わかっているはずなのに、人はついつい我を忘れて間違った行動を取ってしまいます。

ダイエットを決意したのに間食してしまう、夫婦で仲良くしたいのに顔を合わせると言い争ってしまう……。

その場の感情に従って実行される、**合理的とはいえない行動のことを「不合理行動」といいます。**

株式投資の世界でもこれに似たような行動を取る人が少なくありません。

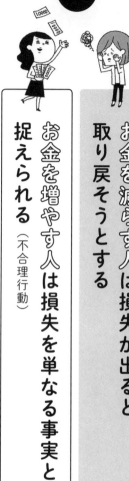

お金を減らしてしまう人は損失を出したときにパニックになりやすいものです。損失を一刻も早く取り戻そうと、その日のうちに銘柄を選び、買い注文を入れるのです。たとえいい銘柄が見つからなくても無理にでも購入しようとしてします。

いわゆる「買い買い病」です。

そうなると、冷静さは消えてしまいます。**冷静さを欠いて上手な取引はできません。**さらに、損失を拡大させる結果に終わるのです。

お金を増やす人は、このような理屈に合わない行動をとりません。たとえ損失が出ても単なる事実と捉え、冷静な判断を心がけます。いい銘柄が見つからなければ、取引しなければいいだけのことなのです。

お金を減らす人は、損失を一刻も早く取り戻そうと、取引せずにはいられず、イマイチな銘柄に買い注文を出してしまいます。

大事なのは、「これだ！」と思う銘柄が出るまで冷静に待てるかどうかです。

質問
Q

日本経済全体が急落しているときに、上昇する銘柄ってありますか？

答え
A

あります。

2016年の1～2月にかけて円高が進行し、日経平均株価は2万円から1万5千円へと急落しました。日経平均は輸出関連銘柄を中心にして割り出しますので、企業の業績が為替に大きく左右されます。

こうした時には、**為替に影響を受けやすい国際優良株などより、為替に影響を受けづらい内需株に人気が集まります。**

時に、投機資金（タイミングを見計らって投資を行ない儲けを出そうとする投資家）はテーマ株（話題の銘柄）をよく物色します。

刺激的な情報を参照して短期売買をするのです。

テーマ株は、業績の裏付けがない株も多いため、株価の上昇が長続きしないケースもあり、割り切った短期投資が行われることがあります。

実際に2016年1～2月の時期に株価が上昇した銘柄を、一部ご紹介します。

❶ネットイヤーグループ（3622）LINE上場関連
❷インベスターズクラウド（1435）民泊関連
❸アンジェス（4563）新薬関連
❹ブランジスタ（6176）AKB関連
❺マネーパートナーズグループ（8732）ビットコイン関連

お金を減らす人は直感だけに頼る

お金を増やす人はトレンドラインの変わり目を見ることができる（ギャンブラーの誤謬）

コイントスで9回連続表が出た場合、次の10回目は表と裏とどちらが出ると思いますか？

多くの人は、「9回も続けて表が出たのだから、そろそろ裏が出るのではないか」と考えます。このことを**「ギャンブラーの誤謬《ごびゅう》」**といいます。

1回1回の勝負の表が出る確率は2分の1です。毎回が独立した事象なのです。ですから、「9回も続けて表が出たのだから、そろそろ裏が出るのではないか」というのは明らかに間違っているのです。

投資はギャンブルではありません。ですから、投資のプロはこのような判断は行いません。

「株価が5日連続で下がり続けているから、そろそろ上がるのではないか?」と考えるのは、誤りの元なのです。

安くなっているのはそれだけの理由があります。その理由を調べもしないで、そろそろ上がるのではないかと判断するのは軽率です。5日連続で下落した原因をちゃんと調べましょう。

調べたうえで、株価が下がっている原因をその会社がクリアしていれば、今後上昇するでしょう。しかし、まだその原因が解消されないままなのであれば、さらに下落することが多いのです。

お金を減らす人は、原因や理由を調べもせずに判断します。チャートを見て、「そろそろ上昇トレンドに入るだろう」と思うのです。何の根拠もなく直感で判断しているのです。**描いたシナリオ通りに動かないのが株式**ですから、根拠のない直感は危険です。

本書で繰り返し述べていますが、**お金を増やす人は一旦立ち止まり、その原因や理由を探る**のです。もちろん、チャートもしっかりと確認します。

そして、**トレンドの変わり目を確かめて取引をする**のです。

質問
Q

株価指数の上下に左右されない業界ってありますか？

答え
A

あります。

たとえば**「小売業界」「飲食業界」「建設業界」**などは、比較的相場の影響を受けにくい業界です。

自分の得意な業界を見つけて、そこに絞って研究するのもアリです。

ただ、個々の企業努力によって業績が変わりますので個別の企業研究も必要になります。

42

お金を減らす人は感情の起伏が激しい

お金を増やす人は常に穏やかな心を持っていられる（感情コントロール）

感情の起伏が激しい人は、株式投資でなかなか勝てません。

少し負けるとすぐに冷静さを失って、タイミングを図らずに買おうとしたり、勝ってもまた、有頂天になりいい加減な投資をしたりして、結局大損します。

つまり、**「上がるときはもっと上がると思い、下がるときはもっと下がると思う」**のです。

乱高下するような株を買ってしまうと、その株価に心が完全に振り回されてしまいます。まるで、株価の奴隷です。

お金を減らす人は、そんなふうに自分の感情がコントロールできなくて、損ばかりしています。

しかし、**お金を増やす人は、常に穏やかな心を持ち、常に冷静に判断することができる**のです。

私の友人に、ソフトバンクと決めて、ソフトバンクだけに投資する人がいます。ソフトバンクだけですから、企業研究も情報も抜かりなく集めることができます。そうすると、ソフトバンクの動きがある程度見えてくるのです。

動きが読めないときは無理して売買せず休みます。そして、次のチャンスを待って投資するのです。そんなスタイルを貫いていますから、感情は常に穏やかです。

そうはいっても、時には短期決戦をする必要があるときもあるでしょう。短期決戦になるとどうしても集中しなければなりません。そういうときは、ある程度の**ルールを決めておく**といいでしょう。

たとえば、株を1000円で購入したときに、「この株は、1100円になったら売ろう」とか、「900円まで下がったら損切りしよう」とか、そんなルールを決めておけば精神的にも安定します。

買った株が下落したときのルールが重要です。どうしても、人間ですから、損をしたくないという心理が働きますので、100円下がって売るという決断はなかなかできません。しかし、それをしないと機会を損失してしまいます。

質問
Q

こんな低成長時代に儲かる株なんてありますか？

答え
A

どんなときでも急成長する会社はあります。

２０１１年は東日本大震災が起きて日本経済全体が大打撃を受けました。しかし、この年の全上場企業の値上がりランキングを見ると、上位10社すべてが約３倍を越えているのです。１位のＵＢＩＣ株にいたっては株価が20倍以上も上昇しました。

さらに２０１３年はアベノミクスで全体的に底上げした年です。ガンホー・オンライン・エンターテイメント（３７６５）は年初から半年で約20倍まで跳ね上がりました。ガンホーに20万円投資した人は、わずか半年で４００万円になったということ

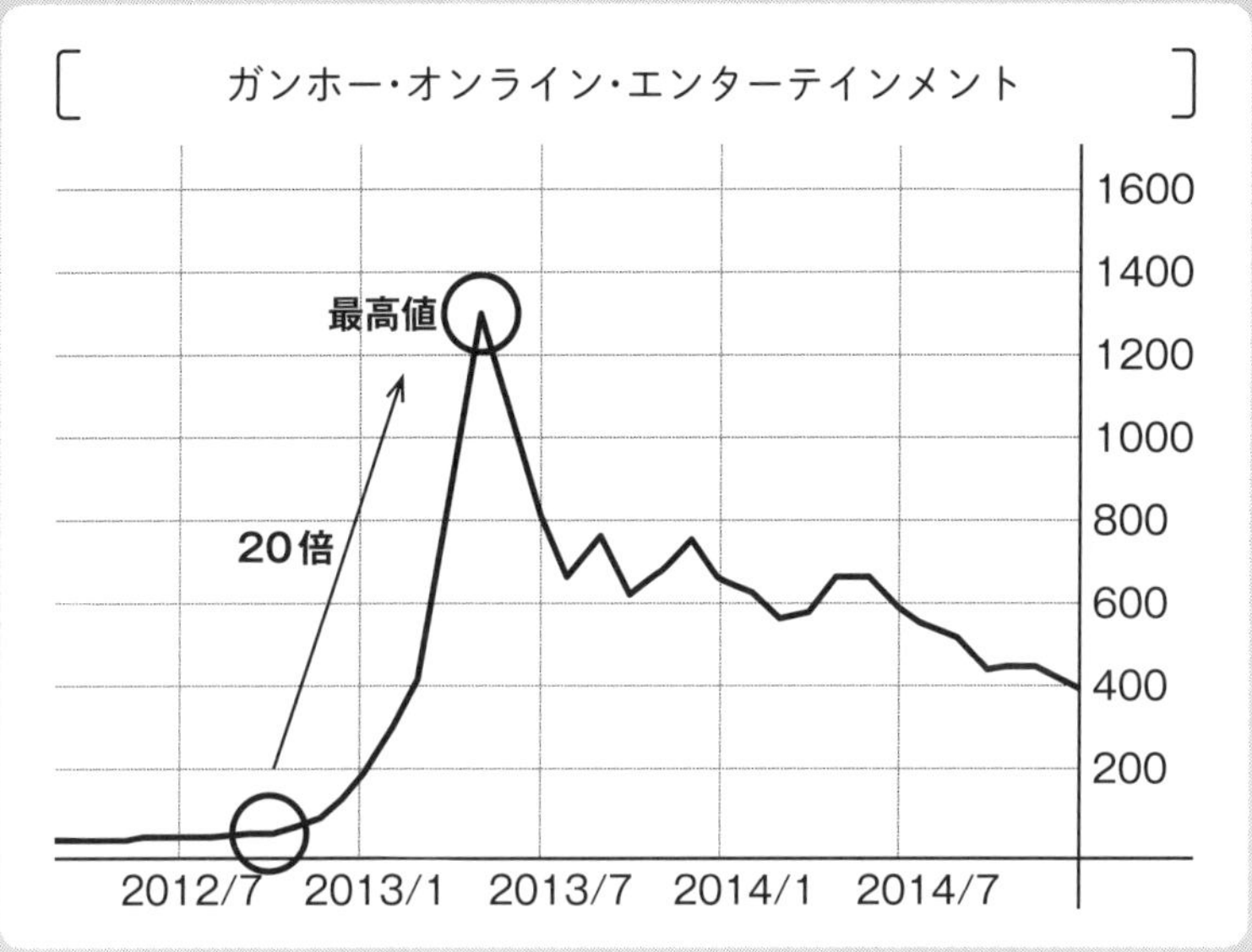

です。

新規上場したばかりのＩＰＯ銘柄も大化けする可能性があります。業績を伸ばし成長性の高い会社が多いからです。

しかし、公募価格が高く設定された会社や人気の出ない会社は上場開始直後から値下がりすることもありますので気をつける必要があります。

お金を増やす人は、そういう銘柄には自信のあるとき以外は飛びつきません。一時的なもので継続性がないからです。

むしろ、目新しさのない平凡な銘柄を注文するのです。

おわりに

最近お会いした30代前半の会社員の方との会話です。

長谷川「今の日本や米国の政策を見ているとインフレ政策です。特に日本はデフレに慣れきっていて、私の知り合いやお客様でも現金が一番です。銀行のわずか0・03％の金利でも満足している方が圧倒的に多いのです。インフレに強い資産運用手法の一つに株式があります。株価変動のリスクを抑えて毎月一定金額を積み立てる投資信託などはいいと思います」

お客様「私は独身で、子どもがいる訳でもありませんから、大きくお金がかかることもありません。仕事もしているし、お金に働いてもらおうなどとは思いません。減らないのが一番安全です」

お客様は真顔で答えられました。

本書の冒頭でお話しした男性と、逆の意見です。

デフレ経済が20年近く続き、今の若い人は完全にデフレに慣れきっています。

一部の人だけが、投機的デイトレーダーとして、(ゲーム感覚で)株式や先物、FXなどで莫大な利益を上げていますが、大半の人々は、まだ現金が一番安全だと信じています。

「国策に逆らうな」との言葉があるように、国がインフレ政策に舵を切った以上、あの手この手でインフレを仕掛けてくると思われます。

「資産インフレ」が一番手っ取り早いかもしれません。


いずれにせよ日本は人口減少に直面しています。労働者人口が減り、高齢者の比率が益々高くなるのですから自助努力が必要です。

ぜひ、この本をきっかけに、株式投資をはじめることで、あなたの未来への一助になれば幸いです。

長谷川伸一

長谷川伸一（はせがわ しんいち）

ファイナンシャルアドバイザー
（株）アセットマネジメントあさくら 取締役

福島県福島市出身。三菱ＵＦＪモルガン・スタンレー証券（入社時、太平洋証券）で証券営業を行った後、投資アドバイザー業務を経て、2011年11 月アセットマネジメントあさくらに入社し、2015年11月より現職。

「顧客が安心して資産形成するための保険と株式投資を組み合わせたハイブリッド資産運用」を得意とし、特に株式投資では、「企業の中核技術やサービスを的確に調べつくしながら、投資候補先の事業の未来を予測する手法」が、投機的投資によらない思考を教えてくれると、顧客からも厚い信頼を得ている。

夕刊フジの『株－1グランプリ』で、上位へのランクインを数度果たし、2014年7月にはチャンピオンに輝く。

『ラジオ NIKKEI』『BIG tomorrow』『月刊ネットマネー』『週刊現代』等、さまざまな雑誌やメディアなどでも活躍している。

※本書で紹介している情報は、2017年2月時点での情報です。変更になる場合もありますので、ご留意ください。
※本書に掲載している情報はあくまでも情報提供を目的としたものであり、特定の商品についての投資や売買を勧める目的としたものではありません。
※本書で紹介した情報は、細心の注意を払っておりますが、正確性・完全性について保証するものではありません。個別の情報についてはご自身で直接各機関へお問い合わせください。
※本書に掲載している情報の利用によって何らかの損害を被った場合、著者および出版社は責任を負いかねますので、投資にあたっての最終判断はご自身でお願いいたします。

投資でお金を増やす人、減らす人

2017年4月11日　初版発行

著　者　長谷川伸一
発行者　野村直克
発行所　総合法令出版株式会社
〒103-0001 東京都中央区日本橋小伝馬町15-18
ユニゾ小伝馬町ビル9階
電話 03-5623-5121
印刷・製本　中央精版印刷株式会社

ISBN 978-4-86280-546-1
総合法令出版ホームページ　http://www.horei.com/